WAS IST WAS

Christine Paxmann

WILDE TIERE

Ungezähmt in der Wildnis

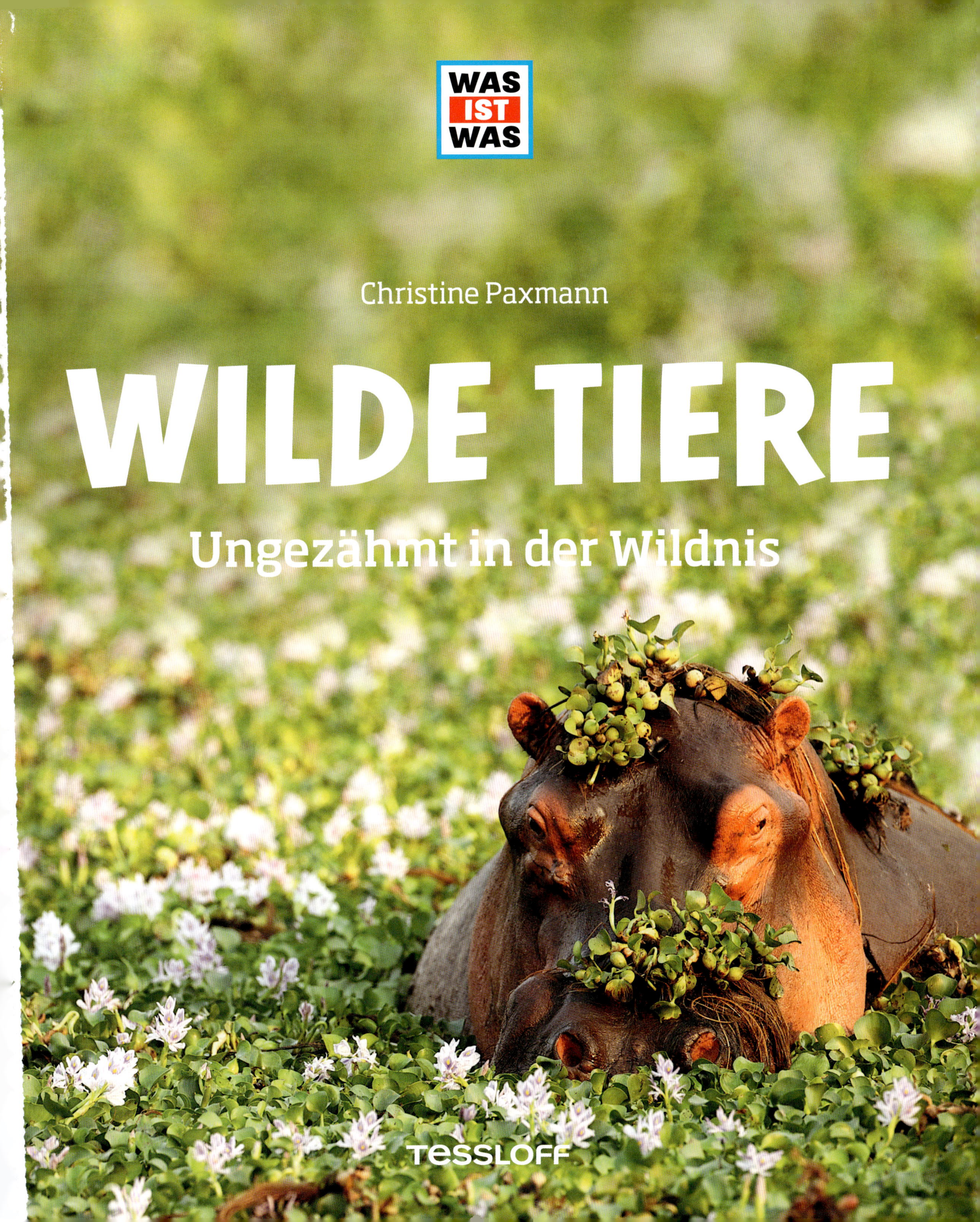

TESSLOFF

Hier siehst du, wo du bist!

Wo ist was?

4 Leben in der Wildnis

Seite 5

Ein Kindergarten für Elefanten? Erfahre, wie Elefantenkindern in Afrika geholfen wird!

10 In den Weiten Afrikas

Seite 15

Sie sind affenstarke Kletterer: Schimpansen.

16 Europas wilde Tiere

Seite 18

So schöne Pinselohren hat nicht jeder! Sie sind für den Luchs wie Antennen.

Seite 25

»Schau mir gaaaanz tief in die Augen …!« Koboldmakis haben auch nachts beste Sicht.

20 Wildes Leben in Asien

Die mit ▶ markierten Seiten könnten dich besonders interessieren!

Seite 30

Gut geheult, Kojote! Entdecke den Lebensraum der Präriewölfe Nordamerikas!

Jaguar, Jaguarundi, Panther oder Ozelot: Wer hat das schönste Fell?

Seite 35

Zur Familie der Kängurus gehören auch die kleinen Wallabys.

Seite 42

Seite 47

Meeresbodenstaubsauger unterwegs: Die bis zu 900 Kilogramm schweren Dugongs.

Hier findest du die wichtigsten Begriffe kurz erklärt.

Elefanten in Not

Mehr als 50 Elefantenkinder haben Daphne Sheldrick und ihr Team schon mit der Flasche aufgezogen.

Mein Name ist Shaya. Als mich Daphne Sheldrick fand, wog ich nur 500 Kilogramm. Kaum zu glauben, aber das ist für ein eineinhalbjähriges Elefantenkind sehr wenig. Ich war tagelang allein in der Savanne Kenias unterwegs – ohne meine Herde und ohne meine Mama. Ein Wunder, dass mich kein Löwe erwischt hat. Doch ich war so traurig, dass ich gar keine Zeit hatte, Angst zu haben. Außerdem hatte ich furchtbar Durst, denn ich war es gewohnt, immer wieder bei meiner Mama Milch zu saugen. Das machen wir Elefantenbabys ganze vier Jahre lang.

Daphne war meine Rettung!

Ohne Daphne hätte ich keine Chance gehabt. Sie nahm mich mit in ihre Nursery, das ist so etwas wie ein Elefantenkindergarten. Viele Elefantenwaisen hat sie dort schon aufgezogen, denn sie hat als Erste ein Rezept für den Ersatz von Elefantenmuttermilch gefunden. Wir Elefanten vertragen nämlich keine Kuhmilch. Früh, mittags und abends bekommen wir Babys ein Fläschchen, na ja, es ist schon eher eine Riesenflasche. Am Anfang wusste ich nicht, was ich mit dem komischen Ding mit dem Gummischnuller machen sollte. Dann hat sich einer meiner Pfleger hinter eine graue Decke gestellt und nur die Flasche herausgestreckt. Ich bekam Vertrauen. Inzwischen kenne ich alle meine Pfleger so gut, dass ich von jedem die Flasche nehme. Manchmal flüstert Daphne mir ins Ohr, wie wichtig es ist, dass sich viele um mich kümmern, damit ich viele Bezugspersonen habe. Wir Elefanten sind wahnsinnig

Angeberwissen

- In Afrika leben etwa 650 000 Elefanten. Viele Hilfsorganisationen kümmern sich darum, sie zu schützen und Wilderern das Handwerk zu legen.
- Die ersten Elefantenartigen lebten schon vor 7,5 Millionen Jahren!

Im Elefantenwaisenhaus schützen Decken die kleinen Dickhäuter vor der Sonne. In der freien Wildbahn halten sie sich viel im Schatten der großen Elefanten auf.

Auf ins Schlammloch! So ein Bad ist sehr wichtig für die Elefantenhaut. Die Schlammschicht schützt vor Hitze und Sonnenbrand.

Schon gewusst?

Daphne Sheldrick wurde 1934 in Kenia geboren. Zusammen mit ihrem Mann, der den Tsavo-Nationalpark leitete, hat sie 1977 den David Sheldrick Wildlife Trust (DSWT) gegründet, eine Tierschutzorganisation und ein Ressort für Elefantenbabys. Für ihre Arbeit mit traumatisierten Elefanten hat sie viele Auszeichnungen bekommen.

anhänglich. Wen wir mal ins Herz geschlossen haben, den lassen wir nicht mehr los. Daphne erzählte mir, dass tatsächlich schon einmal ein Elefantenmädchen vor Kummer gestorben sei, weil sein Pfleger eine Woche krank war.

Eine Oase für uns Elefanten

Daphne hat früh erkannt, was uns Elefantenbabys guttut. In ihrem Ressort gibt es Ställe, ein riesiges Schlammloch zum Reinlegen und eingezäunte Weideplätze. Schließlich müssen wir neben der Muttermilch auch ordentlich Grünzeug futtern. Bis zu 200 Kilogramm vertilgt ein ausgewachsener Elefant pro Tag. So weit bin ich noch nicht, aber Daphne sagt immer, dass ich ihr die Haare vom Kopf fresse; außerdem würde sie von meinen Dummheiten graue Haare bekommen. Die hat sie schon, aber sie ist ja auch über 80 und kümmert sich seit 50 Jahren um Elefantenbabys.

Immer diese Stoßzähne!

Ich muss mindestens zwei Jahre alt sein, dann werde ich im Tsavo-Nationalpark ausgewildert und kann selbst eine Familie gründen. In Afrika werden wir Elefanten immer noch von Wilderern gejagt. Sie wollen unsere Stoßzähne aus Elfenbein haben und teuer verkaufen. Nur uns Junge lassen sie leben, denn wir haben ja noch keine Stoßzähne. So bleiben wir allein zurück. Ich fürchte, ein Wilderer hat auch meine Mama auf dem Gewissen.

Es ist sehr schwer, etwas gegen die Wilderer zu unternehmen, aber Daphne Sheldrick ist eine jener Tierschützerinnen, die sich für uns einsetzen. Außerdem hat sie Großes bei der Erforschung der Elefantenseele geleistet. Sie hat erkannt, wie empfindsam wir sind und was wir brauchen, wenn wir alles verloren haben, was uns lieb ist. Ich werde Daphne Sheldrick mein ganzes, hoffentlich über 60-jähriges Leben nicht vergessen ... die Sache mit dem »Gedächtnis wie ein Elefant« ist nämlich wahr!

Wo ist mein Pfleger? Die kleinen Elefanten wissen genau, wenn es Zeit ist für die nächste Fütterung.

Was sind wilde Tiere?

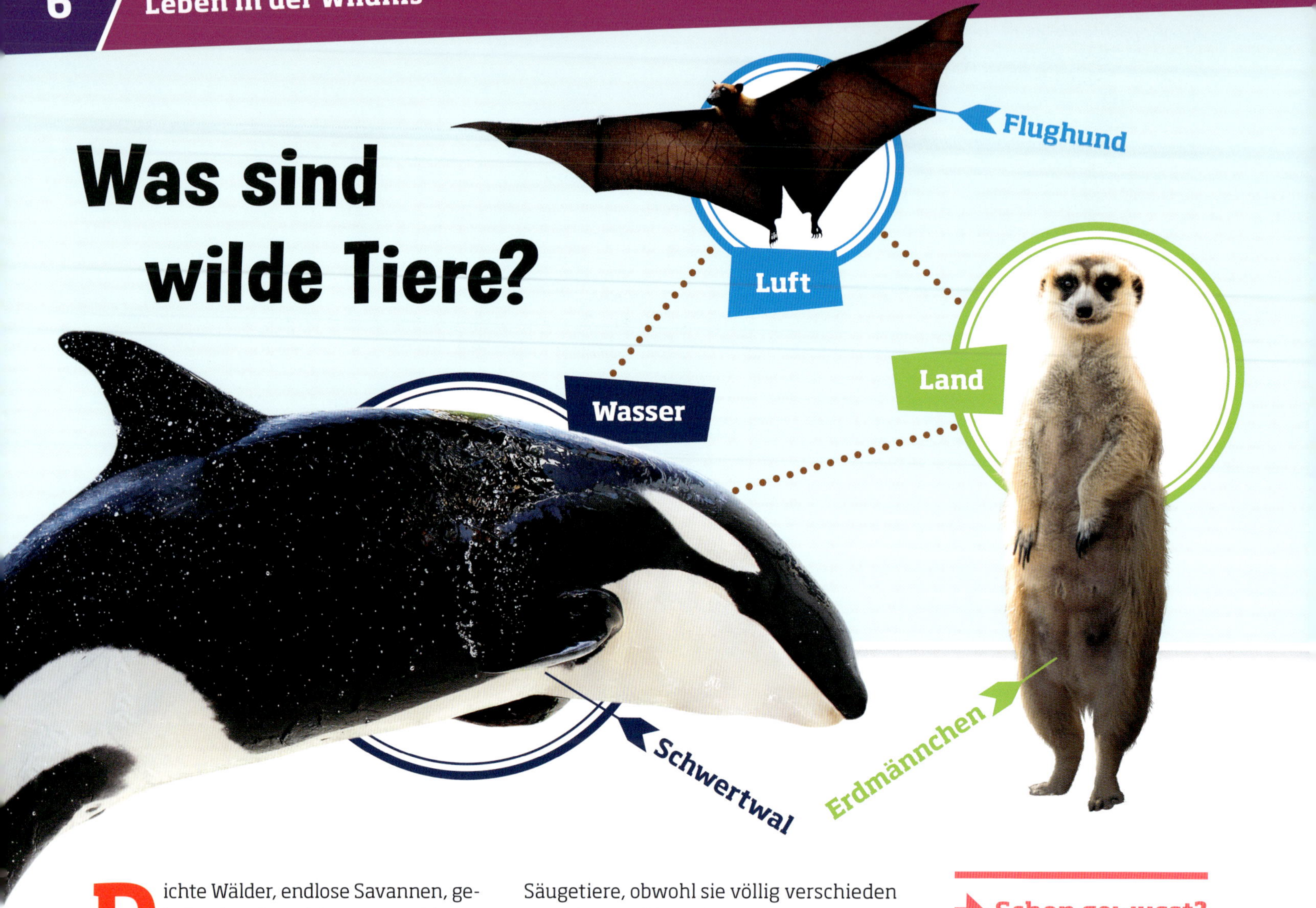

Dichte Wälder, endlose Savannen, geheimnisvolle Höhlen, raue Gebirgslandschaften, tiefe Ozeane, eiskalte Polarregionen – idealerweise sind Wildtiere in der freien Wildbahn zu Hause. Immer häufiger wandern sie aber auch in Städte ab, da sie aus ihren ursprünglichen Lebensräumen vertrieben werden. Wildtiere sind nicht zahm und gehören niemandem. Im Unterschied dazu werden Haustiere als Nutz- oder Heimtiere vom Menschen gezüchtet. Viele von ihnen waren einmal wild. Die meisten aber könnten in der Wildnis nicht mehr überleben. Die bekanntesten Wildtiere gehören zur artenreichen und vielfältigen Klasse der Säugetiere.

Was ist ein Säugetier?

Hund und Kuh, Faultier und Giraffe, aber auch Wal, Fledermaus und Nashorn sind Säugetiere, obwohl sie völlig verschieden aussehen und in recht unterschiedlichen Lebensräumen vorkommen. Rund 6 000 Arten leben heute auf der Erde und ein erstes gemeinsames Kennzeichen ist: Sie sind alle Wirbeltiere! Damit unterscheiden sie sich aber nicht von Reptilien und Vögeln, die ebenfalls eine Wirbelsäule haben. Es muss

Schon gewusst?

Goldhamster gebären Junge nach ungefähr zwei Wochen Tragzeit, Afrikanische Elefanten nach fast zwei Jahren!

Milchbar für Hundebabys: Die Anzahl der Zitzen ist bei Säugern an die durchschnittliche Größe des Wurfes angepasst.

Kängurus wachsen beschützt im Beutel der Mutter heran.

Angeberwissen

- Säugetiere gebären lebend (Ausnahme: Schnabeltier), säugen ihren Nachwuchs und sind Warmblüter.
- Säugetiere atmen mit der Lunge, haben meist vier Beine, tragen ein komplexes Gebiss und haben ein großes Gehirn.

also mehr Kennzeichen für ein Säugetier geben. Eines liegt schon im Namen begründet: Säugetiere säugen ihre Jungen mit Milch und sie gebären meist lebend.

Die ersten Säugetiere

Die ersten Säugetiere lebten vor Millionen von Jahren. Sie waren noch sehr klein und ständig Gefahren ausgesetzt: Sie mussten sich vor ihren Fressfeinden – den Dinosauriern – schützen. Das änderte sich schlagartig, als vor 65 Millionen Jahren ein gewaltiger Asteroideneinschlag auf der mexikanischen Halbinsel Yucatan zu einer Kettenreaktion führte: Eine riesige Staubwolke ließ kein Sonnenlicht mehr durch, Vulkanausbrüche, Tsunamis und Erdbeben wurden weltweit ausgelöst. Dadurch kam es zu einer Klimakatastrophe, die die Dinosaurier nicht überlebten – die Säugetiere aber schon! Ihre Vorteile: Sie gebaren lebend, das heißt, sie konnten ihre Jungen in neue Lebensräume bringen. Ein Dinosaurier konnte sein Gelege nicht transportieren! Die Säugetiere waren mit ihrem Fell gegen Kälte geschützt. Außerdem hatten sie als Warmblüter immer dieselbe Körpertemperatur und waren nicht wie die Dinos abhängig von der Sonneneinstrahlung. Säugetiere konnten sich vielfältiger ernähren, denn sie hatten Zähne, die unterschiedlich geformt waren. Sie waren klüger und geschickter als die Dinosaurier. Das waren die Ursäuger.

Heutige Ursäuger

Zu den noch lebenden Ursäugern gehört das Schnabeltier, das in Australien lebt. Aus den Ursäugern haben sich die Beutelsäuger, wie zum Beispiel die Koalas, die Kängurus und die Opossums, entwickelt, die heute nur noch in Australien, Neuseeland und Südamerika heimisch sind. Aber warum heißen Beutelsäuger so? Ganz einfach: Sie werden klitzeklein geboren und kriechen in den Beutel der Mutter, wo sie sich gleich an den Milchzitzen festsaugen. Im Bauch könnten sie gar nicht heranwachsen, da die Mutter im Unterschied zu den anderen Säugetieren keine Plazenta (Mutterkuchen) hat, die das Ungeborene mit Nahrung versorgen könnte.

Die Unterklassen der Säugetiere

Ursäuger:
- Kloakentiere

Beutelsäuger:
- Beuteltiere

Höhere Säugetiere:
- Rüsseltiere
- Nagetiere
- Insektenfresser
- Fledertiere
- Waltiere
- Raubtiere
- Unpaarhufer
- Paarhufer
- Hasentiere
- Schliefer
- Röhrchenzähner
- Seekühe
- Nebengelenktiere
- Schuppentiere
- Spitzhörnchen
- Riesengleiter
- Primaten

Schnabeltiere gehören zu den Kloakentieren und damit zu den letzten Vertretern der Ursäuger. Obwohl sie Säugetiere sind, legen sie Eier!

Galerie der ausgestorbenen Tiere

Mammuts, die Vorfahren unserer heutigen Elefanten, sind vor 4 000 Jahren ausgestorben, Säbelzahnkatzen bereits vor über 10 000 Jahren. Das Artensterben hält bis heute an. Schuld sind klimatische Veränderungen, beengter Lebensraum, Vertreibung aus den angestammten Lebensräumen und die Gier des Menschen nach Fell, Fleisch oder einfach Angst vor Schädlingen. Es hat lange gedauert, bis die Menschheit verstanden hat, wie wichtig der Erhalt der Arten ist.

Unglaublich!

In Russland werden immer wieder mumifizierte Körper von Mammuts gefunden. Sie sind vom Eis eingeschlossen worden und dadurch gut erhalten geblieben. Wissenschaftler forschen seit Langem daran, ausgestorbene Tiere wieder neu bei uns anzusiedeln. Beim Mammut soll es angeblich 20 bis 30 Jahre dauern …

Dodo

Der große Laufvogel Dodo lebte bis vor ungefähr 300 Jahren im Regenwald auf der Insel Mauritius. Der Mensch rottete den Vogel aus; schuld daran waren vor allem die Rattenhorden, die durch den Menschen auf die Insel gekommen waren. Für sie waren die Dodoeier und -küken ein wahrer Leckerbissen.

Java-Tiger

Viele Tigerarten starben aus, als ihr Lebensraum, der Wald, gerodet wurde, um Reis anbauen zu können. Sie wurden gejagt, bis sie ausgerottet waren. Seit dem Jahr 2003 gilt der Java-Tiger als ausgestorben.

Quagga

Um 1850 gab es nur noch wenige wild lebende Quaggas in Südafrika, denn die Großsäuger wurden alle wegen ihres Fleisches gejagt. 1883 starb das letzte Quagga im Zoo von Amsterdam, vermutlich an Altersschwäche.

Beutellöwe

Bis vor 50 000 Jahren streifte der Beutellöwe durch das australische Buschland. Mit seinen langen Krallen konnte er auch große Beutetiere töten. Im 19. Jahrhundert starben viele weitere Beutelsäuger aus, als Siedler große Flächen in Weideland umwandelten.

Bedrohte Tiere auf der Roten Liste

Die Weltnaturschutzunion IUCN bringt jedes Jahr eine Rote Liste mit aktuell bedrohten Tier- und Pflanzenarten heraus. Laut IUCN gelten 1 141 der rund 5 488 Säugetierarten als bedroht. Vom Jahr 1500 bis heute sind 83 Tierarten ausgestorben.

Säbelzahnkatze

Zwei lange, nach unten gebogene Eckzähne waren ihr Markenzeichen. Es ist umstritten, warum Säbelzahnkatzen so lange Zähne besaßen. Vielleicht drohten sie anderen Tieren damit? Es könnte auch sein, dass sie bereits ermüdete Beutetiere damit töteten. Säbelzahnkatzen gehörten zu einer Unterfamilie der Katzen und starben vor ungefähr 10 000 Jahren aus.

Mammut

Die riesigen Mammuts sind eine ausgestorbene Gattung der Elefanten. Sie lebten während der letzten Eiszeit. Eine Art, das Wollhaarmammut, hatte sich prima an das Klima angepasst – warmes Fell schützte es vor der Kälte. Es ist ungeklärt, ob es von Steinzeitmenschen ausgerottet wurde oder die Klimaerwärmung nach der Eiszeit dafür sorgte, dass es verschwand.

Afrika – Kontinent der großen Tiere

Afrika ist mit 30 Millionen Quadratkilometern nach Asien der zweitgrößte Kontinent. Er liegt in der tropischen und subtropischen Klimazone, beiderseits des Äquators. Die drei wichtigsten Vegetationszonen sind Wüste, Regenwald und Savanne. Zentralafrika wird von der tropischen Zone beherrscht. Hier sind die riesigen Regenwälder und Savannen mit dem größten Artenreichtum. Dort leben auch die großen Tiere des Kontinents: Nilpferd, Elefant, Giraffe, Zebra, Nashorn und Löwe. Im Norden und Süden liegen die weitläufigen Wüsten- und Steppengebiete.

Gibt es Nilpferde nur am Nil?

Einst haben Nilpferde tatsächlich am Nil gelebt; darum wurden sie auch so genannt. Heute ist der Name Flusspferd gebräuchlicher. Vor rund 120 000 Jahren waren sie sogar am Rhein heimisch. Die zweitgrößten Pflanzenfresser nach den Elefanten wiegen bis zu 4 500 Kilogramm.

Bis zu 50 Zentimeter lang!

Die größten Landsäuger der Welt …

… leben in der Savanne: die Afrikanischen Elefanten. Im Unterschied zu den Asiatischen Elefanten haben sie größere Ohren, um damit Wärme abgeben zu können, und zwei »Greiffinger« am Rüssel – statt einem. Am Tag fressen sie 200 Kilogramm Holz, Wurzeln, Blätter und Gräser und trinken 100 Liter Wasser.

Hotel in Sambia, Afrika

Unglaublich!

Was passiert, wenn ein Hotel auf einem alten Elefantenpfad gebaut wurde? Dann marschieren Elefanten durch den Eingang, um im Garten Mangos zu naschen. Dies geschieht jedes Jahr im November.

Giraffen – hoch wie ein Haus

Das höchste an Land lebende Säugetier ist die Giraffe. Ein Bulle kann bis zu sechs Meter hoch werden. Die Paarhufer sind mit ihrem langen Hals ideal angepasst an ihre Lieblingsspeise: junge Blätter in den höchsten Baumwipfeln. Die Flecken im Fell dienen als Tarnung, aber auch als Klimaanlage. Um jeden Flecken führt eine Ader, die für den Wärmeausgleich sorgt.

Getarnt und geschützt

Zebras haben ein auffällig gestreiftes Fell. Es dient unter anderem der Wärmeregulation, da zwischen weißen und schwarzen Streifen ein Luftstrom entsteht. In der Herde können sich Zebras mit ihren Streifen gut vor Angriffen von Raubtieren schützen. Ist ein Feind in Sicht, galoppieren sie los. Rücken, Beine, Hals, Kopf – alles ist in Bewegung und dabei verschieben sich die Streifenmuster. Für die Raubtiere ist es nun schwierig, in diesem Wirrwarr einzelne Tiere klar zu erkennen.

Scheue Nashörner

Diese 3600 Kilogramm schweren Unpaarhufer tragen – wie der Name schon sagt – je nach Art ein oder zwei Hörner auf dem Nasenrücken. Sie bevölkerten schon vor 50 Millionen Jahren die Erde. Die scheuen Einzelgänger weiden in der Dämmerung und nachts. In der Dunkelheit können sie zur Orientierung ihren exzellenten Geruchs- und Gehörsinn gut brauchen.

Löwen – stolze Großkatzen

Diese Raubkatzen sind die einzigen, die im Rudel leben. Das Männchen führt die Gruppe an und verteidigt sie, die mächtige Mähne soll andere Männchen beeindrucken. Die Weibchen gehen gemeinsam in der offenen Savanne jagen, die Löwenmänner lauern in Verstecken auf ihre Beute. Die großen und schweren Elefanten und Nashörner greifen sie seltener an.

Von großen und kleinen Raubtieren

Geparden können auf kurzen Strecken über 100 Stundenkilometer schnell rennen!

Afrika ist das Land der Raubkatzen: Löwe, Leopard, Panther und Gepard sind die schnellen Räuber Afrikas. Leoparden sehen in der Nacht sechsmal so gut wie der Mensch. Sie sind extrem gute Kletterer. Schwarze Leoparden werden Panther genannt.

Leopard oder Gepard?

Leoparden und Geparden werden oft verwechselt, denn ihre Fellzeichnung ist ähnlich. Ansonsten sind sie doch sehr verschieden: Geparden sind schlank, sie haben sehr viel längere und dünnere Beine als Leoparden, ihr Fell ist feiner getüpfelt und ihr Kopf ist viel kleiner. Sie sind die schnellsten Landtiere der Welt.

Kleine Räuber

Der Fennek, auch Wüstenfuchs genannt, ist der kleinste der Hundeartigen, hat aber die größten Ohren. Er leitet damit Körperwärme ab, das heißt, er schwitzt durch die Ohren. Das ist wichtig für ihn, denn er bewohnt eine heiße Umgebung und hat keine Schweißdrüsen. Nachts macht er sich auf die Jagd nach Insekten, Eidechsen und kleinen Nagern. Der gesellige Fennek lebt in Gruppen mit bis zu zehn Artgenossen.

Leoparden sind oft auf Bäumen. Hier ruhen sie sich aus und lauern auf Beutetiere, die sie später auf die Äste zerren.

Beim Aufspüren der Beute helfen dem Fennek seine großen Ohren. Damit hört er jedes kleinste Geräusch.

Schakale und Hyänen sind die Putzkolonnen der Steppen und Savannen. Beide Arten sind Aasfresser. Sie lassen sich das schmecken, was andere Räuber übrig gelassen haben.

Die Gazellenherden Afrikas können aus über 1 000 Tieren bestehen. Ihre Schnelligkeit ist der beste Schutz gegen Räuber. Sie können über lange Strecken bis zu 50 km/h laufen.

Auch Schakale leben in Rudeln. Sie gehören aber zu einer anderen Gruppe der Hundeartigen. Im Dunkeln machen sie allein oder in Gruppen Jagd auf kleinere Tiere. Sie fressen aber auch Aas. So halten sie sich gerne in der Nähe von Löwen auf, um an Beutereste zu gelangen. Hyänen bilden eine eigene Familie von Raubtieren. Sie sind nicht mit den Hunden, sondern mit den Katzen verwandt. Die größte Gruppe unter ihnen stellen die Tüpfelhyänen dar. Sie haben sehr kräftige Kiefer. Damit können sie sogar die Knochen von Gnus und Zebras zermalmen. Die braun-weiß-schwarz gescheckten Afrikanischen Wildhunde sind sehr soziale Tiere. Das gesamte Rudel kümmert sich um die jungen, verletzten oder alten Tiere. Die Wildhunde gehen auch gemeinsam auf die Hetzjagd. Dabei verfolgen sie ihre Beute so lange, bis die erschöpft aufgibt.

Die Clowns der Steppen

Erdmännchen sind kleine Raubtiere aus der Gruppe der Schleichkatzen. Sie leben in Großfamilien. Einige von ihnen – Wächter genannt – sind immer damit beschäftigt, die Gegend zu beobachten. Da sie sich dazu auf die Hinterläufe stellen, ähneln sie Menschen. Manchmal lässt eine ganze Gruppe ihre Köpfchen flink von einer Seite zur anderen wandern. Das wirkt wie ein einstudiertes Ballett und sieht sehr putzig aus.

Flink entkommen

Eine Gruppe von Antilopen hüpft elegant durch die Savanne. Mit ihren Verwandten, den Gnus, Impalas, Gabelböcken und Gazellenartigen bilden sie die großen Herden Afrikas. Da sie schnell sind und gut als Gruppe funktionieren, können sie sich auch gegen Raubtiere behaupten.

Schon gewusst?

Früher wurden an Königshöfen Geparden als Jagdbegleiter dressiert. Aber da es damals nicht möglich war, Geparden zu züchten, kam dieses Haustier wieder aus der Mode.

Unsere Verwandten aus Afrika

Menschenaffen, auch Primaten genannt, sind unsere nächsten Verwandten. Zwei der weltweit drei Menschenaffenarten leben in Afrika: die Gorillas und die Schimpansen mit den Zwergschimpansen, den Bonobos. Die dritte Menschenaffenart, der Orang-Utan, ist in Asien heimisch. Ebenfalls Affen sind die Meerkatzenverwandten, die mit 26 Arten in Afrika beheimatet sind. Zu ihnen zählen die Paviane und Mandrills.

Gorillas leben in Verbänden, die von einem älteren Männchen, dem Silberrücken, angeführt werden. Etwa alle vier Jahre bekommt ein Weibchen ein Junges, das über ein Jahr gesäugt wird. Wilderer und der Ebolavirus bedrohen ihr Leben.

Gorilla

Lebensraum: Regenwälder Afrikas

Alter: über 50 Jahre

Nahrung: Pflanzen, Wurzeln, Knollen, Rinde, Früchte

Feinde: Krokodile, Leoparden

Bedrohung: vom Aussterben bedroht

Knallrote Nase, blaue Wangen, goldene Fellabschnitte, bunter Popo – der Mandrill gehört zu den farbenfrohsten Säugetieren der Welt. Er lebt in Gruppen von ungefähr 20 Tieren zusammen. Chef ist ein besonders leuchtend buntes Männchen.

Mandrill

Lebensraum: Regenwälder Zentralafrikas

Alter: bis ungefähr 30 Jahre

Nahrung: Samen, Früchte, Frösche, Echsen

Feinde: Schlangen, Leoparden, Adler

Bedrohung: gefährdet

Pavian

Lebensraum: Halbwüsten, Steppen, Savannen

Alter: bis ungefähr 35 Jahre

Nahrung: Blätter, Wurzeln, Früchte, Gräser, Eier, Insekten, kleine Säugetiere

Feinde: Leoparden, Hyänen, Löwen

Bedrohung: gering gefährdet

Bis zu 250 Mitglieder kann ein Pavianrudel haben. Sind Babyaffen geboren, werden sie rührend von Pavianmüttern in Gruppen umsorgt. Paviane lassen sich leicht an ihren hundeartig vorspringenden Schnauzen und den stark rot gefärbten Hinterteilen der Männchen erkennen. Der rote Po soll unter anderem beim Werben um Weibchen Eindruck machen.

Schimpanse

Lebensraum: Regenwälder und Savannen Afrikas

Alter: 50 bis 60 Jahre

Nahrung: Früchte, Nüsse, Blätter, Insekten, kleine Säugetiere

Feinde: Leoparden

Bedrohung: stark gefährdet

Schimpansen sind am nächsten mit dem Menschen verwandt. Sie leben in Verbänden von über 50 Tieren. Angriff ist die beste Verteidigung: In größeren Gruppen versuchen sie, ihren Feind, den Leoparden, zu verjagen – manchmal auch mit einfachen Waffen, wie zum Beispiel Ästen.

Im Gegensatz zu den Schimpansen sind die Bonobos sehr friedliebend und sozial. Mit ihren runden, schwarzen Gesichtern und ihrem schlankeren Körperbau lassen sie sich gut von den Schimpansen unterscheiden.

Bonobo

Lebensraum: Regenwälder Afrikas

Alter: ungefähr 50 Jahre

Nahrung: Früchte, Nüsse, Blüten, Blätter, Insekten, kleinere Säugetiere

Feinde: Leoparden

Bedrohung: stark gefährdet

Schützende Insel Madagaskar

Die meisten Tiere der östlich vor Afrika gelegenen Insel Madagaskar kommen ausschließlich dort vor. Da sich vor 150 Millionen Jahren die Insel vom afrikanischen Festland abgelöst hat, konnten sich einige Tierarten dort völlig eigenständig entwickeln. Tierarten, die es nur in einem abgegrenzten Bereich und sonst nirgendwo gibt, nennt man endemisch. Der Bereich selbst wird ökologische Nische genannt. 120 Säugetierarten sind auf Madagaskar endemisch, darunter über 100 Lemurenarten, die auf Madagaskar Kattas und Makis genannt werden. Sie sind Feuchtnasenaffen, Vorfahren der Menschenaffen. Und sie sind noch längst nicht alle entdeckt worden!

Wollmaki

Lebensraum: Wälder Madagaskars

Alter: ungefähr 12 Jahre

Nahrung: Blätter, Früchte

Feinde: Fossa (Frettkatze), Lemurenweihe

Bedrohung: gefährdet

Die kleinen Wollmakis sind nachtaktiv. Sie verbringen viel Zeit mit der Suche nach Nahrung. Mit ihren riesigen Augen und einem Fell wie ein Teddybär sehen sie sehr niedlich aus. Ihr Gesicht erinnert ein wenig an das einer Eule. Zu den tagaktiven Baumbewohnern dieser Familie zählen auch die kleinen Mausmakis, die großen Indri und die farbigen Sifakas.

Aye-Aye

Lebensraum: Wälder Madagaskars

Alter: unbekannt

Nahrung: Früchte, Nüsse, Pilze, Blütennektar, Insekten

Feinde: Fossa (Frettkatze)

Bedrohung: gering gefährdet

Das Aye-Aye oder Fingertier ist nachtaktiv. Es hat ein markantes Nagetiergesicht und schneidet manchmal scheußliche Grimassen. Außerdem sind seine Finger, insbesondere der Mittelfinger, extrem lang. Damit kann es Maden aus Baumlöchern angeln.

Füchse sind Wildhunde und leben oft mit Dachsen zusammen in einem Bau. Da Füchse mit ihrer Nahrung nicht wählerisch sind, dringen sie sogar bis in die Städte vor.

Graben, nagen oder flattern

Die Lieblingsspeise des Dachses sind Pflanzen.

Europa ist der zweitkleinste Kontinent. Er ist durchzogen von vielen Gebirgen, wie zum Beispiel den Alpen und der Sierra Nevada in Spanien. Im Norden, Westen und Süden wird Europa von Meeresküsten begrenzt. Die östliche Grenze bildet das lange Gebirgsmassiv des Ural. Aufgrund erdgeschichtlicher Entwicklungen, dichter Besiedelung durch den Menschen und sehr unterschiedlicher Klimazonen konnten sich in Europa nicht so viele verschiedene Tierarten bilden wie zum Beispiel in Asien oder Afrika. Doch jede Vegetationszone, also jedes Gebiet, das durch das Vorkommen bestimmter Pflanzen gekennzeichnet ist, hat ihre Spezialisten hervorgebracht.

Kleine, pelzige Höhlenbewohner

Der Europäische Dachs zählt zu den hundeartigen Raubtieren. Er lebt in einem großen, unterirdischen Gangsystem, dem Dachsbau. Er wird weiter an die nächsten Generationen vererbt und somit jahrzehntelang bewohnt. Typisch für einen Dachsbau: die nahe gelegene Toilette in Form eines Erdlochs. Sein Höhlensystem beschmutzt der Dachs nämlich nicht!

Von Hörnchen …

Auch wenn uns Eichhörnchen sehr vertraut sind, weil sie in jedem Park vorkommen, gehören sie doch zu den wilden Tieren. Bei uns leben die roten Eichkätzchen. Die grauen Eichhörnchen sind aus Amerika zu uns

Eine Murmeltiermutter lässt sich beim Fressen von ihrem Kind über die Schulter schauen.

Mit Ultraschalllauten können Fledermäuse ihre Beute finden, denn die Schallwellen prallen an Hindernissen ab und kommen zum Ohr zurück.

gekommen. Die wuseligen Tierchen suchen ständig nach Futter. Was sie nicht sofort fressen können, vergraben sie. Viele Verstecke finden sie aber nicht mehr. So sind sie ständig mit Suchen und Graben beschäftigt. In den Hochalpen lebt ein besonderes Erdhörnchen: das Murmeltier. Es hält monatelang Winterschlaf. Dabei atmet es langsamer – nur noch zweimal pro Minute.

... und Nagern

Der Biber, der große Nager an fließenden Gewässern, hat sehr kräftige Schneidezähne. Damit nagt er so lange an Stämmen, bis die Bäume umfallen. Aus den Zweigen baut er sogenannte Burgen, die er bewohnt. Ebenfalls Nager sind die nur 100 Gramm leichten Siebenschläfer, die zur Familie der Schlafmäuse zählen. Welch passender Name: Sie suchen sich nämlich in der kalten Jahreszeit für mindestens sieben Monate ein kuscheliges Schlafplätzchen.

Flatternde Nachtwesen

Neben den Nagetieren sind die Fledertiere die artenreichste Gattung innerhalb der Säugetiere – und die Einzigen, die fliegen können. Man unterscheidet Fledermäuse und Flughunde. Die meisten von ihnen sind nachtaktiv. Um sich zu orientieren, stoßen sie beim Fliegen Ultraschalllaute aus. Sie sind so hoch, dass wir sie nicht hören können. Tagsüber nutzen sie Ställe oder Dachgeschosse als Schlafplätze. Hier hängen sie kopfüber von der Decke. Weil der Mensch ihnen immer weniger solcher Plätze lässt, sind Fledermäuse stark bedroht.

Schon gewusst?

Marder gehören wie Dachse zu den hundeartigen Raubtieren. Viele von ihnen leben in der Stadt. Gerne verstecken sie sich im Motorraum parkender Autos. Dort beißen sie Kabel durch. So wollen sie den Reviergeruch ihrer Vorgänger beseitigen.

Nachdem der Biber fast ausgestorben war, ist er jetzt in ganz Deutschland wieder heimisch. Gejagt wurde er wegen seines weichen und dichten Fells. Heute findet man seine Bauten aus Zweigen wieder an vielen Gewässern Europas.

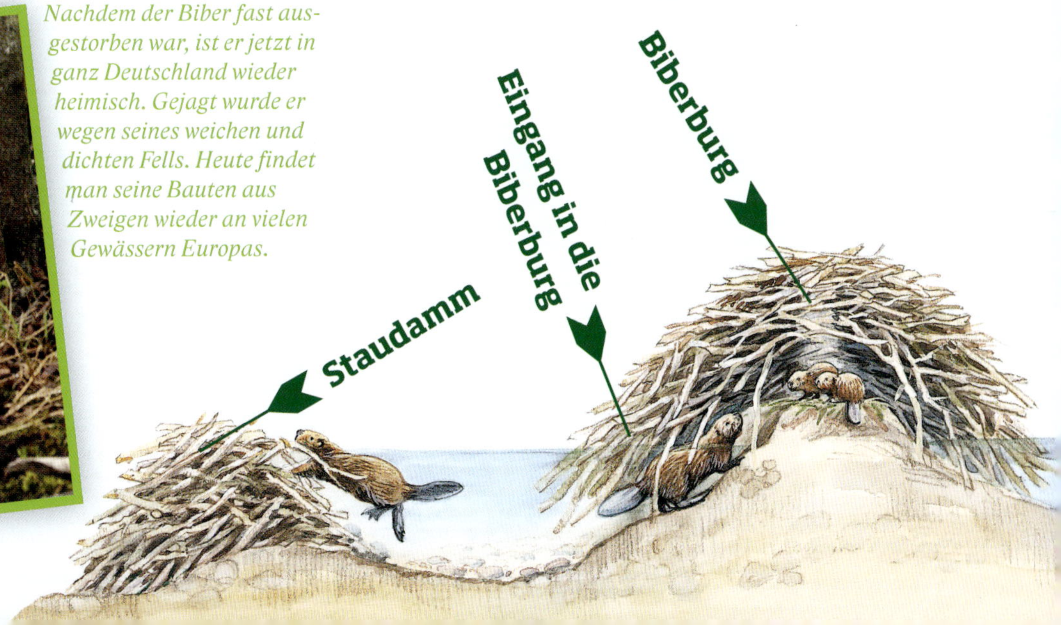

Wolfsfamilien bestehen oft aus fünf bis zehn Tieren: den Elterntieren, den Welpen und den Welpen aus dem Wurf des letzten Jahres.

Die Augen des Luchses sind sehr sensibel, damit er Beute auch in der Dämmerung sehen kann.

In Wald und Gebirge

Manche Raubtiere, wie Wölfe, Bären und Luchse, sind in den letzten Jahren in den Wäldern Mitteleuropas durch Zucht- und Auswilderungsprogramme wieder heimisch geworden. Alle drei wurden stark gejagt. Zusätzlich rückte ihnen der Mensch im wahrsten Sinne des Wortes auf den Pelz, da er sich nach und nach in ursprünglich menschenleeren Gegenden ansiedelte. Aber Raubtiere brauchen Platz, um genügend Nahrung zu finden.

Wir sind wieder da!

Wölfe, die Vorfahren unserer Haushunde, kehren langsam wieder nach Deutschland zurück. Hier kamen nach mehr als 150 Jahren wieder Wolfswelpen auf die Welt. Meist werden in einem Rudel, dem Familienverband, drei bis sechs Welpen geboren. Wölfe fühlen sich wohl, wenn sie genügend Rückzugsmöglichkeiten für die Aufzucht der Welpen haben, ausreichend Beutetiere jagen können und weite Flächen zum Wandern vorfinden, die nicht durch große Straßen zerschnitten werden. Das größte Landraubtier in Deutschland ist der Luchs. Er kommt hier wieder vereinzelt vor. Frühmorgens und nachmittags pirscht er sich in den dichten Wäldern an Beutetiere heran. Mit seinen langen Beinen und den breiten Pfoten kommt er auch in tiefem Schnee gut vorwärts. Der Luchs zählt zu den Katzen. Typisch sind seine Büschelohren, mit denen er besonders gut Töne auffängt. Das Rascheln einer Maus kann er noch aus über 50 Meter Entfernung hören. Wilde Bären gibt es in Deutschland seit dem 19. Jahrhundert nicht mehr – bis auf Bruno! 2006 irrte er durch die Wälder und wurde von Menschen gejagt. Heute steht er ausgestopft in einem Museum. Leben und leben lassen – das klappt besser in den einsamen Wäldern und Bergregionen Italiens, Spaniens, Sloweniens und Österreichs.

Da Bruno sehr kamerascheu war, zeigt sich hier ein anderer Braunbär.

WANTED

Braunbär Bruno

Gesucht: Bruno, ein abenteuerlustiger Braunbär

Größe: etwa zwei Meter

Gewicht: schätzungsweise 500 Kilogramm

Fellfarbe: braun

Besondere Kennzeichen: scheu und schlau

Herkunft: Österreich

Lieblingsbeschäftigung: Bärenhunger auf Schafe, Hühner, Ziegen – und Honig

Das Auffälligste an Elchen ist ihr großes Schaufelgeweih, mit dem die Männchen Revierkämpfe ausfechten.

Die Hirschmännchen werfen ihr Geweih im Frühjahr ab. Nach etwa vier Monaten ist ein neues Geweih gewachsen.

Mit Hörnern und Hufen

Eine Tierart hat sich in ganz Europa erfolgreich durchgesetzt: Hirsche. Der größte Hirsch ist der bis zu 800 Kilogramm schwere Elch. Der Paarhufer durchstreift einzelgängerisch die Wälder und sumpfigen Gegenden Nordeuropas. Eine Besonderheit sind seine Schwimmhäute zwischen den Hufen, um weder auf sumpfigem Boden noch im Schnee einzusinken. Dam- und Rothirsche leben in vielen Wäldern Nord- und Mitteleuropas. Die kleinsten Hirsche sind die Rehe.
In luftigen Höhen, oft weit über der Baumgrenze im Gebirge, kraxeln und springen Gämsen und Steinböcke über Stock und Stein. Diese alpinen Kletterer, die zu den Ziegen zählen, sind echte Akrobaten!

Nur die Steinbockmännchen, Böcke genannt, tragen ein langes Gehörn von einem Meter Länge.

Warum können Steinböcke und Gämsen so gut klettern?

Die Hufe der Steinböcke sind rundherum hart, die Trittfläche besteht aber aus weichen Ballen, die gut auf Felsen haften. Darum rutschen Steinböcke nicht ab. Wie Gämsen haben sie eine eingebaute Bremse durch ihre gespaltenen Zehen und die nach oben versetzten Afterklauen. Sie dienen auf sehr steilen Strecken als weitere Bremspolster.

Gämsen leben in Verbänden aus bis zu 40 Tieren. Sie warnen sich gegenseitig per Pfiff vor Gefahr.

Die Hufe sind die wichtigste Kletterhilfe der Steinböcke und Gämsen.

Echte Überlebenskünstler

Die Mähne ist bei Przewalski-Pferden je nach Jahreszeit anders gefärbt und auch kürzer oder länger. Diese Urpferde wechseln – anders als Hauspferde – einmal im Jahr das Mähnenhaar.

Asien ist der größte Kontinent. Unterschiedlichste Klima- und Vegetationszonen bieten vielen Tierarten eine Heimat. Fliegen wir doch mal über Asien! Wir sehen Dauerfrostböden im arktischen Norden, die kalte und karge Tundra, die Nadelwälder der Taiga, ausgedehnte Laubwälder, Steppengebiete, Wüsten, die höchsten Berge der Welt, tropische Regenwälder und Inselbiotope. Biotope sind abgegrenzte Lebensräume, in denen nur bestimmte Pflanzen und Tiere vorkommen.

Hier steppt das Wildtier

Wer in Steppen und Wüsten heimisch ist, muss besonders gut an den Lebensraum angepasst sein. Ausschließlich von hartem Steppengras ernähren sich Onager, die kleinsten asiatischen Wildesel. In Freiheit leben jedoch nur noch wenige von ihnen. Onager können es ohne Mühe mit einem Rennpferd aufnehmen, so schnell sind sie! Domestiziert wurden sie nie. Als echte Vorfahren aller heutigen Pferde gelten die Przewalski-Pferde. Diese stämmigen Urpferde mit der typischen Borstenmähne haben wie die anderen Wildpferde und die Onager einen Aalstrich. Dieser schmale, dunkel gefärbte Fellstreifen zieht sich längs den ganzen Rücken entlang. In den 1970er-Jahren galten Przewalskis als ausgestorben. Durch Zucht- und Auswilderungsprojekte konnten die robusten Tiere, die Temperaturen von über 40 Grad Celsius

Schon gewusst?

In drei deutschen Zoos wurden Przewalski-Pferde für ein Auswilderungsprogramm in Bayern gezüchtet. Fast wild leben sie in den Wiesen-, Busch- und Sandgebieten des Tennenloher Forstes. Durch die Beweidung bleibt die Artenvielfalt des Tennenloher Forstes erhalten und die Pferde werden prima auf ihr Leben in richtig freier Wildbahn in der Mongolei oder Kasachstan vorbereitet!

Die rüsselartige Schnauze der Saiga-Antilope ist Klimaanlage und Staubfilter zugleich.

Saigas gab es schon in der Eiszeit. In einer Höhle in Alaska hat man 13 000 Jahre alte Knochenreste und zudem Zeichnungen gefunden.

bis -20 Grad Celsius ertragen, überleben. Heute sind viele von ihnen in Zoos zu Hause. Wild kommen sie zum Beispiel noch in der Mongolei vor.

Von großen Nasen und kurzen Hörnern

Mit ihren riesigen Nasen sehen Saiga-Antilopen aus wie lustige Zeichentrickfiguren. Man vermutet, dass die rüsselartige Nase als Schutz vor Staub und zur Regulierung der Körpertemperatur dient. Saigas wandern in großen Gruppen Tausende von Kilometern durch die Mongolei. Es gab sie schon in der Eiszeit; damals lebten sie in ganz Europa.

Höhlenmalereien, wie zum Beispiel in den Höhlen von Altxerri in Spanien, erzählen davon. Die typische Nasenform ist leicht zu erkennen, obwohl die Zeichnungen über 14 000 Jahre alt sind!

Wüstenschiffe im Meer aus Sand

Wenn wir von Kamelen sprechen, meinen wir in der Regel das zweihöckrige Trampeltier, das in Asien zu Hause ist. Mit Kamel wird aber die ganze Tierfamilie bezeichnet. Das Trampeltier ist mit seinem wolligen Fell ausgezeichnet an die extremen Temperaturunterschiede in der Wüste angepasst. Seine breiten Hufe, die ihm auch den Namen gaben, sichern ihm guten Tritt im Sand. Die beiden Höcker sind Fettspeicher – damit übersteht ein Kamel auch Hungerphasen. Gibt es nichts zu trinken? Kein Problem! Dann erhöhen Kamele einfach ihre Körpertemperatur. Nun schwitzen sie nicht und verlieren somit auch keine Flüssigkeit. Clever, oder? Wir wären längst zusammengeklappt. Das einhöckrige Kamel heißt Dromedar. Es ist in der arabischen Wüste zu Hause.
Der Mensch zähmt Kamele seit Jahrhunderten. Sie können extrem lange laufen, brauchen wenig Nahrung und tragen große Lasten. Ihre Gangart ist speziell: Sie laufen im Passgang – beide Beine links, beide Beine rechts … Das schaukelt sehr: wie ein Schiff auf hoher See – Wüstenschiffe eben!

Rekord

100 Liter

Wasser und mehr können Kamele innerhalb von wenigen Minuten trinken! Das klappt so problemlos, da sie im Unterschied zu vielen anderen Lebewesen keine runden, sondern ovale Blutkörperchen haben, die sich sehr gut ausdehnen können.

Der Name Dromedar kommt aus dem Griechischen und bedeutet »laufend« – laufen kann dieses Kamel wirklich gut.

Trampeltiere sind Schwielensohler: Ihre Zehen liegen auf Polstern. Durch die breite Auftrittfläche können sie lange und mit großer Last laufen.

Dichte Dschungel und Wälder

Kaum zu glauben, aber es gab schon vor einer Million Jahre Tiger, die größten aller Katzenarten. In Sibirien, wo der Dauerfrostboden alles konserviert, hat man Skelette gefunden, die das belegen. Sechs verschiedene Tigerarten bevölkern heute Asien, wo sie sich von Wildschweinen, Rotwild und kleinen Huftieren wie Gazellen ernähren. Der Sibirische Tiger, auch Amur-Tiger genannt, ist die größte lebende Katzenart; der kleinste Tiger ist der Sumatra-Tiger. Ihre Lebensräume sind der Dschungel und Waldgebiete. Durch die Jagd auf die Großkatzen und die Zerstörung ihres Lebensraumes sind die meisten Tigerarten stark gefährdet, zwei davon – der Sumatra-Tiger und der Südchinesische Tiger – sind sogar vom Aussterben bedroht.

Asiens Waldbewohner

Mungos (1) *nehmen es auch mit Schlangen auf. In Zentralasien werden sie als Schädlingsbekämpfer eingesetzt.* **Tiger (2)** *sind scheue Tiere. Ist ihr Lebens- und Jagdraum bedroht, dringen sie dennoch bis in die Städte vor, wie zum Beispiel in Indien.* **Hirsche (3)** *sind im gesamten europäischen und asiatischen Raum daheim.* **Mauswiesel (4)** *sind nicht wählerisch in Bezug auf ihren Lebensraum.* **Nebelparder (5)** *findet man bis auf Höhen von 2000 Metern. Die meisten* **Leoparden (6)** *Asiens leben in Indien.* **Wildschweine (7)** *bevölkern Wälder im europäischen und asiatischen Raum.* **Luchse (8)** *sind typische Bewohner Nordasiens.* **Riesengleiter (9)**, *die fliegenden Säuger, sind ganz besondere Pflanzenfresser Südostasiens. Der* **Kragenbär (10)** *ist der König der Nebelwälder in Südostasien.*

In Indien wurde die Kunst der Elefantendressur erfunden. Heute noch werden die starken Tiere in Indien und Myanmar als Lastenträger eingesetzt.

Graue Riesen

Gut 5000 Kilogramm wiegen Asiatische Elefanten. Sie sind etwas leichter und kleiner als ihre afrikanischen Kollegen. Auch ihre Ohren sind kleiner, weil sie in kühlerer Umgebung leben und so nur wenig Wärme über die Ohren abgeben müssen. Nach 22 Monaten Tragzeit kommen die Babys auf die Welt. Sie sind erst mit 17 Jahren ausgewachsen. Kein Wunder – sie nehmen ja täglich »nur« etwa ein Kilogramm zu!

Gepunktete Eleganz

Der Leopard steht auf der Liste der gefährdeten Tiere. Diese muskulösen Großkatzen können senkrechte Baumstämme hinaufklettern und (kopfüber!) wieder hinunterlaufen. Auf Bäumen sitzen sie gerne. Im Wasser fühlen sie sich auch wohl, sie können sogar schwimmen! Ihre Jagdtechniken: Auflauern, Heranpirschen und Anspringen oder manchmal auch Verfolgen. Eine sehr seltene Art ist der Amur-Leopard. Er lebt in der Amur-Region, einem riesigen bewaldeten Gebiet um den Fluss Amur in Russland, China und Nordkorea.

Nachts im lautlosen Gleitflug unterwegs

Im Dschungel Südostasiens leben ganz besondere Spezialisten: Riesengleiter, auch Pelzflatterer genannt. Sie klettern in die höchsten Wipfel, um sich von dort in die Lüfte zu schwingen. Dabei kommen sie bis zu 70 Meter vorwärts. So sparen sie Zeit und können schneller Nahrung finden. Eine Flughaut macht das Segeln möglich. Sie reicht vom Hals über die Beine bis zum Schwanz.

Unglaublich!

So auffällig Tiger mit ihren Streifen und der Fellfärbung im Zoo wirken, so unauffällig sind sie in ihrem natürlichen Lebensraum, dem Dschungel. Hier verschwinden sie zwischen dem Pflanzendickicht. Beinahe unsichtbar geworden, können sie sich nun an ihre Beute heranpirschen …

In der Amur-Region bilden unberührte Laub- und Nadelwälder den Lebensraum der Sibirischen Tiger, der Amur-Leoparden, der Kragenbären und vieler anderer Tiere.

Von Akrobaten und »Giftzwergen«

Eine zu den Großen Menschenaffen gehörende Art ist nicht in Afrika, sondern in Asien zu Hause: der Orang-Utan. Die ruhigen Gesellen hangeln sich gemächlich von Baum zu Baum. Lebhafter geht es bei den Gibbons, den Kleinen Menschenaffen, zu. Sie sind wahre Zirkusakrobaten und singen für ihr Leben gern! Auch Makaken geben Laute von sich. Sie warnen ihre Kollegen mit unterschiedlichen Signalen vor Feinden. Dann wissen die anderen, ob sich zum Beispiel eine Schlange oder ein Greifvogel nähert. Sehr praktisch! Feinde müssen sich vor den Plumploris in Acht nehmen. Die harmlos wirkenden Affen können zur Verteidigung nämlich eine Giftdrüse einsetzen! Natürlich leben nicht nur Affen in Asien, sondern auch Bären und solche, die wie kleine Bären aussehen: Großer Panda und Kleiner Panda.

Gibbons werden auch Kleine Menschenaffen genannt. Bei den schwanzlosen Primaten sind die Arme länger als die Beine; dadurch können sie im Dschungel exzellent schwinghangeln.

Gibbon

Lebensraum: Regen- und Bergwälder Südostasiens

Alter: bis 25 Jahre

Nahrung: Blätter, Früchte, Eier, Insekten, kleine Tiere

Feinde: Schlangen, Leoparden, Greifvögel

Bedrohung: gefährdet

Orang-Utan

Die rotbraunen Menschenaffen sind trotz ihrer Größe und eines Gewichts von bis zu 90 Kilogramm Baumbewohner. Kein Wunder, dass der malaiische Name Orang-Utan »Waldmensch« bedeutet.

Lebensraum: Regenwälder Borneos und Sumatras

Alter: bis über 50 Jahre

Nahrung: Wurzeln, Rinde, Früchte

Feinde: Tiger, Nebelparder, Leopard

Bedrohung: vom Aussterben bedroht

Nasenaffe

Nasenaffen können von allen Primaten am besten schwimmen und tauchen; das verraten die Schwimmhäute. Bei den Männchen prangt ein rüsselartiger Zinken im Gesicht, was wohl den Weibchen gefällt.

Lebensraum: Regenwälder Borneos

Alter: über 20 Jahre

Nahrung: Blätter, Früchte

Feinde: Krokodile, Wildkatzen

Bedrohung: gefährdet

Koboldmaki

Lebensraum: Regenwälder, Büsche Borneos und der Philippinen

Alter: bis 12 Jahre

Nahrung: Eidechsen, Insekten

Feinde: Schlangen, Greifvögel, Katzen

Bedrohung: gefährdet (Philippinenkoboldmaki)

Die nachtaktiven Koboldmakis haben – im Vergleich zu ihrem Körper – die größten Augen aller Säugetiere.

Plumplori

Lebensraum: Regenwälder Indonesiens und Indiens

Alter: 20 bis 25 Jahre

Nahrung: Früchte, Eier, Insekten, kleine Tiere

Feinde: Mensch durch Haustierhaltung

Bedrohung: gefährdet

Braune, große Augen, kuscheliges Fell – Plumploris sehen sehr niedlich aus – sind aber giftig! Bei Gefahr schlecken sie Gift aus einer Drüse in der Armbeuge ab und übertragen es durch einen Biss auf Feinde.

Makak

Lebensraum: Regenwälder, Gebirge, Städte Südostasiens, Chinas und Japans

Alter: über 30 Jahre

Nahrung: Blätter, Früchte, Samen, Blüten, Rinde, Insekten, Eier, kleine Tiere

Feinde: Schlangen, Leoparden, Tiger

Bedrohung: viele Arten sind gefährdet

Rhesusaffen, Bartaffen, Javaneraffen – sie alle sind Primaten und zählen zur Gattung der Makaken, zur Familie der Meerkatzenverwandten. Makaken sind sehr intelligent. Japanmakaken zum Beispiel baden bei großer Kälte gerne in heißen Quellen.

Großer Panda

Schwarz-weiß und gemütlich, so kennt man den Großen Panda. Das Auffälligste ist seine Fellfärbung. Sie könnte als Tarnung nützlich sein oder zur Regelung der Temperatur dienen.

Lebensraum: bewaldete Berghänge Chinas – bis auf 4 000 Meter Höhe

Alter: in Gefangenschaft über 30 Jahre

Nahrung: vor allem junger Bambus

Feinde: Leoparden

Bedrohung: stark gefährdet

Kleiner Panda

Lebensraum: Mischwälder Nepals, Indiens, Chinas und Tibets, Hänge des Himalaja

Alter: bis 12 Jahre

Nahrung: vor allem Bambus, aber auch Früchte, Nüsse, Blätter, Wurzeln

Feinde: Schneeleopard

Bedrohung: gefährdet

Der Kleine Panda bildet eine eigene Familie, ist also kein Bär. Weil er sein Fell ähnlich sorgfältig pflegt wie Katzen, wird er auch Katzenbär genannt. Anders als Katzen löscht der Kleine Panda aber seinen Durst: Er hält eine Pfote ins Wasser und leckt sie dann ab.

Viel Platz für wilde Tiere

Nordamerika ist ein landschaftlich vielfältiger Kontinent, der von unterschiedlichen Klimazonen durchzogen wird. Im Norden findet man bei subpolarem Klima große Eisflächen, auf denen Eisbären, Polarfüchse und Schneehasen leben. Nach Süden angrenzend durchzieht ein Tundrengürtel mit ausgedehnten Seen den Kontinent: das Land der Bären, Karibus und Elche. Große Waldgebiete schließen sich an, in denen viele Kleinsäugetiere wie Nager leben. Im Zentrum des Kontinents erstrecken sich die größten Grassteppen der Welt: das Lebensgebiet der riesigen Bison- und Büffelherden. Im Süden Nordamerikas finden sich subtropische Sumpfgebiete, die Everglades. Hier leben neben den Krokodilen auch Säugetiere wie Kaninchen, Füchse oder auch Luchse. Aus Asien eingeschleppte Tigerpythons, riesige Würgeschlangen, gefährden allerdings die heimischen Säugetiere. Wildhüter versuchen seit Langem, die Anzahl der Schlangen zu verringern. Im Südwesten des Kontinents bietet das Meer an den Küsten Kaliforniens vielen Meeressäugern eine Heimat. Hier fühlen sich Wale, See-Elefanten, aber auch kleine Kollegen wie der Seeotter wohl.

Sind die Opossums etwas gewachsen, passen sie natürlich nicht mehr alle in den Beutel hinein. Dann sitzen auch einige auf dem Rücken der Mutter.

Platzprobleme im Beutel

Das einzige in Nordamerika lebende Beuteltier ist das Nordamerikanische Opossum, ein nachtaktiver Allesfresser. Nach nur 14 Tagen Tragzeit bringen Opossumweibchen ungefähr 20 Jungtiere zur Welt. Da im Beutel der Mutter meist nur 13 Zitzen sind, müssen die anderen Winzlinge verhungern.

Funny Fact

Ausgetrickst!

Bühnenreif ist der Auftritt des Opossums, wenn es sich bedroht fühlt. Es klappt die Augen zu und den Kiefer herunter und fällt um. Sein Atem setzt aus und aus dem geöffneten Maul strömt ein Geruch nach Verwesung – das Opossum stellt sich für kurze Zeit tot. Das wirkt: So ist es für Feinde wie Kojoten, Füchse oder Eulen kein Leckerbissen mehr!

Gestank als Waffe: Der Skunk wird nicht zufällig auch Stinktier genannt.

Die fallschirmartige Fellhaut ermöglicht den Gleithörnchen einen bis zu 400 Meter langen Flug.

Raub- und Nagetiere mit besonderen Waffen

Skunks kommen fast nur auf dem amerikanischen Kontinent vor, viele davon in Nordamerika. Sie werden auch Stinktier genannt, und das zu Recht: Rücken ihnen Feinde auf den Pelz, stellen sie – als Vorwarnung – ihren Schwanz auf. Suchen die Gegner jetzt nicht schnell das Weite, werden sie von den Stinktieren über eine Drüse am Schwanz mit einem übel riechenden, öligen Sekret bespritzt. Manchmal landet die stinkende Flüssigkeit mitten im Gesicht. Sollte sie in die Augen gelangt sein, sind die Feinde erst einmal ganz ausgeschaltet, denn dann können sie für einige Zeit nichts sehen. Die Stinktiere haben sich dann natürlich längst aus dem Staub gemacht. Das – nach dem Biber – zweitgrößte Nagetier Nordamerikas ist das Urson. Es gehört zur Familie der Baumstachelschweine. Mit den borstigen Rückenhaaren kann es sich prima verteidigen: Gut 30 000 rund acht Zentimeter lange, mit Widerhaken versehene Stacheln schützen die Tiere vor Fressfeinden. Der Nachwuchs kommt ganz ohne Stacheln auf die Welt. Erst nach einigen Monaten wächst den Kleinen ein borstiges Kleid.

Die Stacheln des Ursons sind nur lose verankert und können sich Feinden in die Haut bohren. Eine schlaue Waffe des kanadischen Nagers!

Falsche Hunde und Gleitschirmflieger

Präriehunde sind Nagetiere, gehören zur Familie der Hörnchen und sind mit dem Murmeltier verwandt, was man deutlich am Körperbau sehen kann. Wie der Name schon verrät, fühlen sich Präriehunde in der Prärie Nordamerikas wohl. In diesen Graslandschaften finden sie ihre Lieblingsspeise zuhauf: Gras und Kräuter. Nachts verkriechen sie sich in ihren unterirdischen Bauten. Hier verschlafen sie auch den Winter. Zu den wohl ungewöhnlichsten nordamerikanischen Nagetieren zählt das nachtaktive Gleithörnchen. Zwischen Vorderärmchen und Hinterbeinen bis zum Schwanz hat sich bei der schon viele Millionen Jahre alten Hörnchenart eine behaarte Haut gebildet. Damit gleitet es von Baumwipfeln abwärts, ganz ohne Flügel – eine clevere Fortbewegungsart, mit der sich Zeit und Kraft einsparen lässt.

Präriehunde sind keine Hunde. Sie heißen nur so, weil sie bellende Warnrufe ausstoßen.

Zottelpelz oder weiches Fell

Seinen typischen Nackenhöcker braucht der Grizzlybär, um die Vorderpranken geschickt zum Graben oder Fangen einsetzen zu können. Der Höcker besteht nämlich aus Muskeln.

Ein echter Nordamerikaner ist der riesige Grizzly. Sein Name bedeutet so viel wie »grau schimmern«. Es gibt aber auch Grizzlys mit bräunlichem Fell. Grizzlybären zählen zu den größten Braunbären. Fast 700 Kilogramm können ausgewachsene Männchen wiegen – mit einer Schulterhöhe von 1,5 Metern. Auf Lateinisch heißt der große Sohlengänger Ursus arctos horribilis, was so viel bedeutet wie »schrecklicher arktischer Bär«. Doch Grizzlys sind eigentlich scheue Einzelgänger, die in der Dämmerung nach Nahrung suchen, zum Beispiel nach reifen Beeren, Vogeleiern, jungen Säugetieren und Insekten. Dazu durchstreifen sie riesige Gebiete. Normalerweise greifen sie uns nicht an; trotzdem sollten wir den Riesen mit dem deutlichen Nackenbuckel möglichst nicht begegnen, denn es kann zum Beispiel sein, dass wir auf ein aggressives Weibchen treffen, das seinen Nachwuchs bedroht sieht.

Riesige Inselbewohner

Kodiakbären nennt man die Braunbären, die auf Inseln vor der Südküste Alaskas leben, unter anderem auf der Kodiak-Insel. Sie gelten neben den Eisbären als die größten Landraubtiere der Welt. Ihre friedliche Lebensweise zieht viele Bärenforscher an. Sie werden so groß, da sie hier im Schlaraffenland leben: Ihre Leibspeise, die Lachse, gibt es nämlich im Überfluss.

Immer der Nase nach

Die dunkel gefärbten, deutlich kleineren Schwarzbären sind eine der häufigsten Bärenarten Nordamerikas. Mit ihrer hellen Gesichtsmaske ähneln sie niedlichen Teddybären, weshalb sich Besucher in Nationalparks immer wieder unvorsichtig verhalten. Zwar sind Baribals, wie sie auch genannt werden, eher

Die Kodiakbären der nördlichen Pazifikküste finden viel Nahrung, wenn die Lachse flussaufwärts ziehen. Durch die eiweißreiche Nahrung sind sie deutlich größer als südlicher lebende Bären.

zutraulich veranlagt, aber eben auch Wildtiere und Allesfresser, deren exzellenter Geruchssinn sie zu jeder Futterquelle leitet. Dann heißt es für uns: Nichts wie weg!

»Pelzige« Menschen

Als der Mensch im Lauf der Entwicklungsgeschichte seine Körperbehaarung verlor, wurden Felle wichtig, um Wärme zu spenden und Schutz zu bieten. Pelz blieb lange Zeit das wärmste Bekleidungsstück. Der Pelzhandel wurde zum ersten großen Wirtschaftszweig Nordamerikas.

Im 16. Jahrhundert waren die Wasser abweisenden Felle der Waschbären, Fischotter und Biber begehrt. Andere Tiere, vor allem die zu den Mardern zählenden nordamerikanischen Nerze wie der Mink, gerieten wegen der Schönheit ihres Fells unter Beschuss.

Neubürger, die Spuren hinterlassen

Heute werden Minks in Pelztierfarmen gezüchtet. Viele Tierschützer sind gegen die meist nicht artgerechte Haltung und haben sich für die Freilassung der Tiere eingesetzt. Da Farmen in Europa inzwischen auch aufgelöst wurden, eroberten sich massenhaft Minks neue Lebensräume in freier Wildbahn. Diese Einwanderer gefährden nun aber das Ökosystem: Ohne natürliche Feinde können sie sich schnell vermehren. So verdrängen sie an vielen Orten heimische Tierarten, wie zum Beispiel den europäischen Nerz. In Fischteichen richten sie außerdem große Schäden an. Jäger versuchen, die Minkbestände zu verkleinern.

Der weiße Pelz war ein Symbol für Reinheit und Unschuld – und auch deshalb beim Adel beliebt.

Minks sondern ein Sekret ab, das noch stärker stinkt als das von Stinktieren.

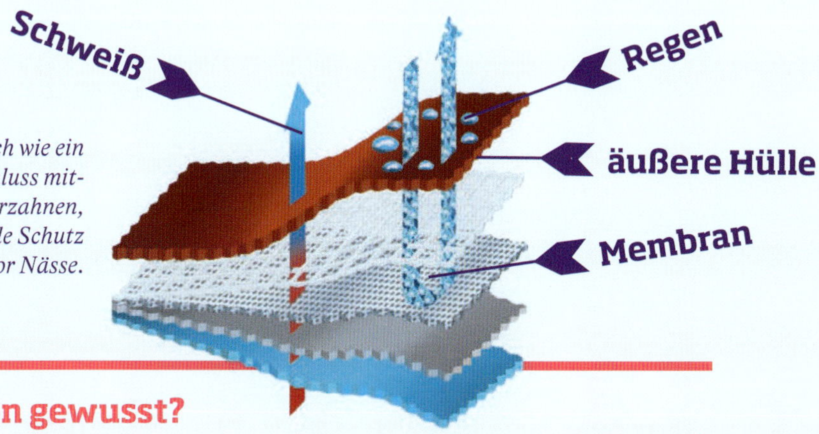

Haare, die sich wie ein Reißverschluss miteinander verzahnen, sind der ideale Schutz vor Nässe.

Schon gewusst?

Otterhaare verhaken sich miteinander und verhindern das Eindringen von Feuchtigkeit. Robert Gore und sein Vater Bill haben sich an diesem Beispiel aus der Natur orientiert und erfanden Gore-Tex®, ein wasserdichtes und atmungsaktives Gewebe. Der Stoff hat eine ähnliche Struktur mit vielen winzigen Poren, durch die kein – größerer – Wassertropfen gelangen kann. Nicht nur die Otterhaare, auch weitere erstaunliche Eigenschaften von Tieren und Pflanzen sind Vorbild für technische Lösungen. Die Nutzung der Biologie für Ideen in der Welt der Technik nennt man Bionik.

Starke Einzelgänger und Herdentiere

Sie geben schauerliches Geheule von sich und sind das ideale Hintergrundgeräusch für Westernfilme: Kojoten.

Sie gehören zur Familie der Hunde und sehen kleineren Wölfen ähnlich: Kojoten. Paarweise bevölkern sie den gesamten Osten Nordamerikas. Die Allesfresser jagen im Rudel, aber auch alleine. Sie sind unglaublich anpassungsfähig. Das hat zu ihrer weiten Verbreitung beigetragen. Als Kulturfolger dringen sie bis in die Städte vor und reißen dort auch Haustiere.

Schleichende Jäger

Der Puma, der trotz seiner Größe zu den Kleinkatzen zählt, ist in ganz Nord- und Südamerika verbreitet. Damit ist er das Tier mit dem größten Lebensraum in der westlichen Welt. Der Einzelgänger kann in der Paarungszeit bis zu 1 000 Kilometer zurücklegen, um die Richtige zu finden. Menschen und Wölfe sind die Feinde des Pumas. Er selbst jagt andere Säugetiere: von kleinen Nagern bis hin zu Hirschen.

In der Gruppe erfolgreich

Die Hirsche Nordamerikas sind echte Riesen. Ihre größten Vertreter sind die Elche, dicht gefolgt von den Wapitis, die 450 Kilogramm wiegen können. Das nordamerikanische Rentier wird Karibu genannt. Es fühlt sich in kühlen, kanadischen Wäldern wohl und ist damit einer der am weitesten nördlich lebenden Großsäuger. Karibus fressen Gräser und Flechten. Diese sind im Winter unter dem Eis unerreichbar. Damit beginnt die anstrengende Reise nach Süden. Riesige Herden von oft über 100 000 Tieren finden sich und setzen sich in Bewegung. Sie müssen hohe Berge und reißende Flüsse überwinden und ständig mit Angriffen von Raubtieren rechnen. In der großen Herde sind die einzelnen Tiere aber besser vor Feinden geschützt – viele Augen sehen schließlich mehr! Mit 5 000 Kilometern unternehmen die Hirsche die längsten Wanderungen aller Landsäugetiere. Dabei marschieren sie auf uralten, ausgetretenen Pfaden.

Wird ein Puma von einem Rudel Wölfe verfolgt, flüchtet er auf einen Baum.

→ Rekord
5 Meter
hoch springen können Pumas – und das aus dem Stand!

Dank Artenschutzprogramm ziehen heute wieder viele Bisonherden durch die Prärie.

Urtümliche, bucklige Hornträger

Bisons sind die mächtigen Wildrinder Nordamerikas. Auffällig sind ihre großen Köpfe und die zotteligen Bärte. Das dichte Fell bedeckt nur den vorderen Teil des Körpers, der Rest sieht aus wie kurzgeschoren. Vorfahren des Bisons haben schon vor 35 000 Jahren im heutigen Alaska gegrast. Man fand nicht nur ihre Knochen, sondern auch Bilder von ihnen in steinzeitlichen Höhlen. Lange Zeit wurden Bisons in großen Mengen erlegt. Im 19. Jahrhundert wären die großen Wildrinder fast ausgerottet worden. Auch Moschusochsen sind wuchtige Tiere. Mit ihrem dichten, langen Fell fühlen sie sich in den unwirtlichen Tundren Alaskas und Kanadas wohl und sind an extreme Kälte angepasst. Moschusochsen haben ganz besondere Augen. Die große Pupille und die sehr empfindliche Netzhaut sorgen dafür, dass sie auch in den dunklen Wintermonaten gut sehen können. Im Frühling, wenn die Sonne auf den Schnee scheint, kann sich die Pupille stark verengen oder ganz verschließen. Auf diese Weise kommt nur wenig oder gar kein Licht hindurch. So werden Moschusochsen nicht schneeblind, bekommen also keinen Augen-Sonnenbrand.

Angeberwissen

- Die Indianer Nordamerikas haben Bisons auf eine besondere Art gejagt: Ein in ein Bisonfell gehüllter Indianer lockte die Herde in die Nähe einer Klippe. Weitere Indianer scheuchten die Tiere dann in den Abgrund.
- Wie kamen die Moschusochsen eigentlich zu ihrem Namen? Klar, hier spielt der Moschus-»Duft« die entscheidende Rolle. In der Paarungszeit riecht der Urin der Bullen süßlich und durchdringend nach Moschus. Davon werden die Weibchen angelockt.

Die Bezeichnung Karibu für die nordamerikanischen Rentiere stammt aus dem Indianischen. In der Herde können sie sich gut gegen Feinde wie Wölfe und Bären wehren. Ihr größter Feind aber ist winzig: Stechmücken!

Viel Leben unterm Blätterdach

Wie ein geschwungenes, riesiges Dreieck wirkt Südamerika. Dieser südliche Teil von Amerika ist der viertgrößte Kontinent der Erde. Er wird durch Mittelamerika mit Nordamerika verbunden. An der Westseite durchzieht ein hoher Gebirgszug von Norden nach Süden den Kontinent – die Anden. Hier entspringen große Flüsse wie der Amazonas, der auf seinem Weg durch Brasilien ein riesiges Regenwaldgebiet – das größte der Erde – durchströmt. Die Landschaften Südamerikas sind so verschieden wie die Klimazonen: Wüsten und Weideland, Grassteppe – die Pampa –, riesige Regenwälder und das polare Klima der Antarktis, im Westen die Anden mit ihrer regenreichen Ostseite und meist trockenen Westseite an der Pazifikküste und im Osten des Kontinents die tropische und subtropische Atlantikküste. Kein Wunder, dass in so unterschiedlichen Habitaten, das ist die Bezeichnung für Lebensräume, unendlich viele verschiedene Tiere leben.

Eine tierische Völkerwanderung

Da der südamerikanische Kontinent vor ungefähr 60 Millionen Jahren noch eine einzelne Landmasse war, entwickelten sich hier ganz besondere Säugetierarten, wie zum Beispiel drei der vier Tapirarten. Sie sind endemisch, das heißt, man findet sie ausschließlich dort. Vor etwa drei Millionen Jahren kam es aber zu einer großen Veränderung: Erdplatten prallten aufeinander und sorgten dafür, dass zwischen Nord- und Südamerika kleine Inseln und ein neues Land aus dem Meer auftauchte: Panama, die Landbrücke. Der Weg war frei und viele Tiere wanderten von Nordamerika in den Süden und umgekehrt. Experten bezeichnen diesen »Wildwechsel« als großen interamerikanischen Faunenaustausch.

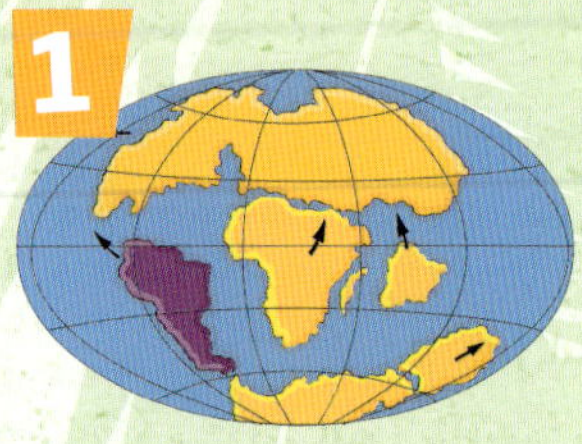

Bis vor 53 Millionen Jahren waren Nord- und Südamerika voneinander getrennt, bewegten sich aber aufeinander zu.

Vor etwa drei Millionen Jahren rückten Nord- und Südamerika zusammen.

Schon gewusst?

Tapire sind wahre Schwimmtalente. Die Babys können sogar schon nach wenigen Tagen schwimmen! Im Wasser finden die plumpen Gesellen Nahrung und gute Verstecke vor Feinden. Dann tauchen sie wie ein U-Boot ab und man sieht von ihnen nur noch einen kleinen Teil des Rüssels, den sie zum Luftholen brauchen.

Menschen stellen für den Tapir eine Bedrohung dar, da sie ihn jagen und nach und nach seinen Lebensraum, den Regenwald, zerstören.

An ein Schwein erinnert beim Capybara, auch Wasserschwein genannt, höchstens der stämmige Körperbau.

Zwei besondere Säuger

Zu den ältesten Säugetieren der Erde zählt der nachtaktive, pflanzenfressende Tapir. Das plumpe Tier ist heute der größte Landsäuger Mittel- und Südamerikas. Mit seinem kurzen Rüssel kann er hervorragend schnüffeln, tasten und greifen. Sein bevorzugter Lebensraum ist der Regenwald. Hier sorgt er dafür, dass sich viele Pflanzen gut verbreiten können, denn die mit der Nahrung aufgenommenen Samen können sehr gut in seinem Kot wachsen.

Das größte lebende Nagetier

Bis zu 50 Kilogramm schwer kann es werden, das Capybara, und es sieht aus, als sei es aus mehreren Tieren zusammengesetzt: Der Körper mit seinem rauen Fell erinnert an ein Wildschwein, sein plumper Schädel und die Schwimmhäute zwischen den Zehen an einen Biber. Augen, Ohren und Nase des Pflanzenfressers liegen auf der flachen Oberseite des Kopfes sehr dicht beieinander. Das ist praktisch, denn die Tiere halten sich fast immer im Wasser auf; zum Atmen müssen sie also kaum auftauchen.

Er fischt auch im trüben Wasser

Nur der Amazonas-Flussdelfin trägt an seiner Schnauze Tasthaare. Die sind neben der Echopeilung auch dafür nötig, sich im oft trüben Wasser zurechtfinden zu können. Die einzelgängerischen Flussbewohner des Amazonas fangen mit ihren Pinzettenschnauzen Fische und pflücken Pflanzen.

Klammeraffen bewegen sich in den südamerikanischen Regenwäldern hangelnd von Ast zu Ast. Der körperlange, kräftige Schwanz dient ihnen dabei als verlässliche Kletterhilfe.

Funny Fact

Um ein Weibchen zu beeindrucken, schwimmen Amazonas-Flussdelfine schon mal mit einem »Blumenstrauß« aus Seegras im Maul um sie herum. Damit sind sie mit den Schimpansen und uns Menschen die einzigen Säugetiere, die mit Geschenken Eindruck machen wollen.

Mit Tatzen, Krallen und Panzern

Der Allesfresser

Der einzige Großbär Südamerikas ist der Brillenbär mit seiner auffälligen Gesichtsfärbung. Er lebt endemisch vor allem in tropischen Bergregenwäldern entlang der Anden. Obwohl er ein Allesfresser ist, ernährt er sich oft pflanzlich.

Der Kletterkünstler

Der Wickelbär ist ein Kleinbär und gehört zur Familie der hundeartigen Raubtiere. Akrobatisch turnt er in den Baumwipfeln tropischer Regenwälder herum. Dabei krallt er sich gut fest und wickelt seinen langen Schwanz um Äste. Glatte Rinden stellen mit seinen Antirutsch-Zehen keine Hürde für ihn dar. Mit seiner überlangen Zunge angelt er sich Nektar aus Blüten und Waben. Außerdem ist er verrückt nach Früchten.

Die zahnlose Langschnauze

Der Ameisenbär gräbt mit seinen sichelförmigen, scharfen Krallen Termitenhügel auf. Dann taucht er mit seiner zahnlosen Röhrenschnauze mitten hinein und leckt die kleinen Krabbler mit der langen, klebrigen Zunge auf. Dabei schützt ihn sein Fell vor Bissen.

Der Gepanzerte

Das nachtaktive Gürteltier ist das einzige Säugetier, das einen Panzer aus Knochen- und Hornplatten trägt. Bei Gefahr krümmt es sich zusammen. Das Kugelgürteltier kann sich sogar vollständig zu einer Kugel einrollen.

Rekord

6 Minuten

lang kann das Braunborsten-Gürteltier die Luft anhalten! Bei Gefahr ist das äußerst nützlich: Es gräbt sich ein und wartet – atemlos – ab.

Das Energiesparwunder

Wenn sie sich bewegen, dann nur im Schneckentempo: Faultiere. Meist hängen sie in den Baumkronen. Sind Faultiere nun faul? Nein, sie verhalten sich sehr schlau! Weil sie so viel Energie einsparen, können sie kalorienarme Nahrung zu sich nehmen, die andere Tiere links liegen lassen. Und: Langsamkeit macht im Dickicht unsichtbar. Außerdem verschmelzen die Tiere mit dem Grün des Waldes, da ihr Fell durch die darin wohnenden Algen grünlich schimmert.

Mit seinen langen, gebogenen Krallen kann das Faultier sicher an den Ästen hängen.

Wer hat das schönste Fell?

Jaguarundi

Der wieselähnliche, wenig bekannte Jaguarundi ist so gut wie auf dem ganzen Kontinent verbreitet. Sein Name lässt anderes vermuten, aber er gehört zur Gattung der Pumas, nicht der Jaguare.

Jaguar

Auf den ersten Blick sehen Jaguare den Leoparden ähnlich. Im Unterschied zu ihnen sind sie aber kräftiger, haben kürzere Beine, einen breiteren Kopf und größere Flecken auf dem Fell.

Ozelot

Der Ozelot ist eine kleine, gefleckte Katze mit leopardenartigem Fell. Er fühlt sich im Amazonasgebiet besonders wohl.

Panther

Jaguare mit schwarzem Fell werden wie schwarze Leoparden Schwarze Panther genannt.

Von Luxuswolle und Polsterfüßen

Weil Chinchillas seit Jahrhunderten wegen ihres weichen Fells gejagt werden, ist ihr Bestand in freier Wildbahn gefährdet.

Sie leben in Gras- und Buschlandschaften bis in 4 000 Metern Höhe, in Sumpfgebieten und kargen Steppen: die Kamelartigen Südamerikas – die wilden Guanakos und Vikunjas und die als Haustier gehaltenen Alpakas und Lamas. Sie sind extrem sozial und leben in Gruppen. Weil sie nur in der Neuen Welt, in Amerika, zu Hause sind, heißen sie auch Neuweltkamele. Sie sind kleiner als die Altweltkamele und haben keine Höcker. Ein dichtes, wärmendes Fell lässt sie Kälte, starke Winde und Nässe aushalten. Diese Wolle kann zu hochwertigem Garn verarbeitet werden. Kein Wunder also, dass die Bewohner der Anden Alpakas und Lamas gezähmt haben. Die teuerste Wolle liefert das in den Hochanden vorkommende Vikunja, von dem die Alpakas abstammen.

Auf leisen Sohlen

Die Guanakos sind die Stammväter der Lamas. Wie alle Kamelartigen haben sie statt Hufen dicke, polsterartige Schwielen, die ein Ausrutschen verhindern. Das macht sie auch auf einem Untergrund, der aus rauen Gräsern oder Schotter besteht, zu ausdauernden Läufern. Tiere, die im Hochgebirge leben, kommen mit der sauerstoffarmen, dünnen Luft klar. Besonders das Vikunja ist an ein Leben in Höhen von über 4 000 Metern Höhe angepasst: Es hat ein vergrößertes Herz, das enorm viele rote Blutkörperchen und somit mehr Sauerstoff transportiert. Lamas werden hauptsächlich als Lasttiere eingesetzt. In den unwirtlichen Höhen der Anden sind sie oft die Einzigen, die auf den schlechten Schotterwegen noch gut vorankommen.

Weich und kuschelig

Chinchillas sind als Haustier bekannt. Wegen ihres weichen Fells werden sie auch auf Farmen gehalten. In freier Wildbahn fühlen sie sich im kargen Gebirge der Anden wohl. Nachts machen sich die geselligen Nagetiere auf die Suche nach Gräsern und Früchten, tagsüber kuscheln sie sich in Höhlen und Spalten. Werden sie von Feinden angegriffen, können sie sich mit zwei Tricks wehren: durch Verspritzen von Urin und das Abwerfen von Fell. So bleibt Angreifern oft nur ein Büschel Haare!

Guanakos vertragen die Höhe und das raue Klima der Anden; nur in strengen Wintern ziehen sie sich in Wälder zurück.

Zur Familie der Viscachas und Chinchillas gehören auch die Hasenmäuse. Diese Hasenmaus gönnt sich ein Sonnenbad auf einem Felsen.

Lamas gelten als ruhig und kontaktfreudig. In Europa sind sie daher heute auch beliebte Wanderbegleiter für Kinder.

Buddeln in der Pampa

Obwohl sie aussehen wie eine Mischung aus Murmeltier und Hase, sind Viscachas mit den Chinchillas verwandt. Die bis zu acht Kilogramm schweren, nachtaktiven Nager sind echte Höhlenspezialisten: Bis zu 600 Quadratmeter und 30 Ausgänge kann ein Viscacha-Höhlensystem haben. Hier leben sie in Gruppen zusammen. Im Unterschied zu den Chinchillas buddeln sie sich ihre Höhlen selbst. Zum Graben verwenden sie die Vorderbeine und die Nase. Damit in die Nase keine Erde eindringen kann, ist sie gefältelt.

Falscher Hase!

Zur Familie der Meerschweinchen zählt das Mara, auch Pampashase genannt. Der Nager ist zwar kein Hase, mit seinen löffelartigen Ohren sieht er aber wie ein solcher aus – vor allem dann, wenn man ihn durchs Gras hoppeln sieht. Zusammen mit den Capybaras zählt er zu den größten Nagetieren überhaupt.

Plappernde Bartträger

Sie sehen aus wie eine Mischung aus Maus, Biberratte und dem verwandten Capybara: Pakaranas, die letzten Vertreter einer Nagetierfamilie, die bereits vor fünf Millionen Jahren gelebt hat. Man gab ihnen den Namen Dinomyidae, »Schreckliche Mäuse«, denn die Ururväter der heutigen Pakaranas wogen bis zu einer Tonne. Pakaranas sind echte Plaudertaschen; sie kommunizieren mit Heulen, Zähneklappern und Pfotentrampeln.

Die Lebensweise der scheuen Pakaranas ist bis heute nahezu unerforscht.

Unglaublich!

Pampashasen brauchen wie viele Nager eine Verdauungshilfe: Damit ihr Magen die rein vegetarische Kost besser verarbeiten kann, fressen die Tiere ihren Kot – nein, nicht ihren normalen Kot, die trockenen Bällchen, sondern eine ganz besondere Ausscheidung: den feuchten Blinddarmkot.

Koalas brauchen nur wenig Wasser. Ihr Name bedeutet in der Sprache der australischen Ureinwohner so viel wie »ohne Wasser«.

Das Land der Beutler

Der kleinste Kontinent ist gleichzeitig das sechstgrößte Land der Erde. Geografisch liegt Australien zwischen Amerika und den Philippinen. Zu Australien gehören auch die Inseln Tasmanien und Neuguinea und viele kleine Inselfamilien. Der Kontinent wird von drei Klimazonen beherrscht: von der tropischen, der subtropischen und der gemäßigten Zone. Dadurch gibt es in Australien so verschiedene Lebensräume wie Regenwald, Wüste, Sumpfgebiet oder Grasland. Weil sich die australischen Landmassen vor 50 Millionen Jahren vom Urkontinent Gondwana ablösten, konnten sich hier so viele besondere Tierarten entwickeln. Die meisten Tiere und Pflanzen, die in Australien verbreitet sind, gibt es nur hier und sonst nirgendwo auf der Welt.

Ab in die Tasche

Typisch für Australien sind die Beuteltiere. Die meisten von ihnen machen ihrem Namen alle Ehre: Sie haben eine taschenähnliche Vertiefung an ihrem Bauch – den Beutel. Die Mütter bringen nach sehr kurzer Tragzeit ein winziges

Angeberwissen

- Bei den Koalas und Wombats öffnet sich der Beutel nach unten. Ein Muskel verhindert das Herausfallen der Babys.
- Mit etwa sechs Monaten trinken Koalas – bequem im Beutel sitzend – den Babybrei, den die Mütter im Blinddarm produzieren. Er ist wichtig für die Jungtiere, um später die giftigen Eukalyptusblätter vertragen zu können.
- Da Koalas ihren Revieren treu bleiben, stellen Waldbrände, Rodungen und der Bau von Straßen und Siedlungen eine große Gefahr für sie dar.

Bei der Geburt wiegt ein Koala-baby weniger als ein Gramm.

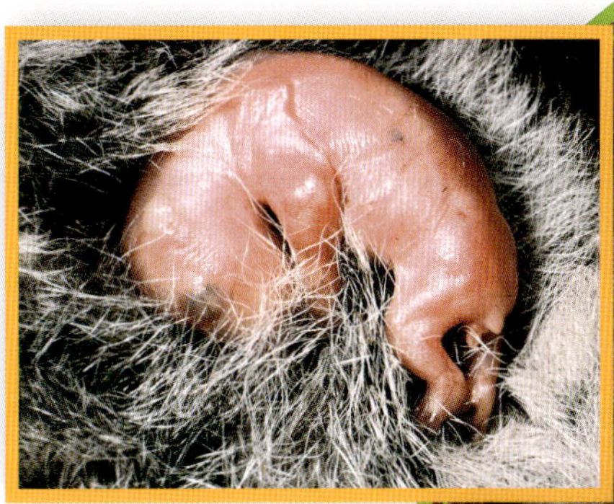

Junges zur Welt. Oft ist es nur wenige Gramm schwer. Sofort nach der Geburt kriecht es mit den erstaunlich kräftigen Vorderbeinen in den schützenden Beutel und saugt sich an einer Zitze fest – dort bleibt es monatelang, wächst und gedeiht.

Kuschelige, ruhige Gesellen

Kein Tier ist so typisch für Australien wie der bis zu 14 Kilogramm schwere Aschgraue Beutelbär, auch Koala genannt. Knopfaugen, ein hellgraues Fell, Plüschohren und eine dicke schwarze Nase machen ihn zu einem der beliebtesten Tiere der Welt. Dabei hat der nachtaktive Beutler einige Besonderheiten zu bieten: Seine mit scharfen Krallen versehenen Greifhände helfen ihm beim Klettern. Schließlich leben Koalas so gut wie nur in den Wipfeln von Bäumen. Da sie kaum Wasser benötigen, suchen sie auch nur ganz selten Wasserstellen auf. Ihren geringen Wasserbedarf decken sie über die in den Eukalyptusblättern enthaltene Flüssigkeit. Koalas fressen diese – giftigen – Blätter in rauen Mengen: Täglich brauchen erwachsene Tiere 600 bis 1 200 Gramm davon. Bevor sie losfuttern, kommt ihre superempfindliche Nase zum Einsatz: Sie sucht die Blätter aus, die nicht zu viel Gift enthalten. Alles Weitere erledigt ihre Verdauung. Hier wird das Gift neutralisiert und im langen Blinddarm werden die Blattfasern zersetzt. Und noch etwas ist ganz besonders bei den Koalas: Zwei zusammengewachsene Krallen dienen ihnen mit dem Greifdaumen als Zange zum Ausreißen von Zecken, die sich auf der Haut unter dem dichten, Wasser abweisenden Fell gern einnisten.

Teuflische Kerlchen

Durch die unterschiedlichen Lebensräume haben sich viele verschiedene Beuteltierfamilien gebildet, die so lustige Namen wie Bilchbeutler, Zwerggleitbeutler, Ringbeutler, Kletterbeutler und Rüsselbeutler tragen. Es gibt auch einige wenige Raubbeutler, zum Beispiel den schwarzen Beutelteufel, auch Tasmanischer Teufel genannt. Ist das Tier aufgeregt, färben sich seine Ohren rot und es zeigt aggressives, lautes Verhalten. Mit seinem schwarzen Fell sieht es dann wirklich wie ein kleiner Teufel aus. Beutelteufel leben heute nur noch in Tasmanien. Sie fressen vor allem Fleisch, auch Aas. Mit ihren starken Kiefern können sie sogar Knochen zerknacken.
Am Ende verrät eine leere Speisetafel nichts mehr von ihrer Mahlzeit. Dadurch spielen sie eine wichtige ökologische Rolle als Aufräumdienst.

Bald Hunger auf Eukalyptus!

Während die Koalamama schläft, ist ihr nur wenige Tage alter Nachwuchs hellwach und schaut neugierig aus dem Beutel heraus.

Rekord

30 Min.

In so kurzer Zeit können Beutelteufel Fleischmengen mit dem Gewicht von fast der Hälfte ihres Körpergewichts vertilgen.

Der Tasmanische Teufel ist der größte noch lebende Raubbeutler.

Endlose Weite

Die meisten der 80 Känguruarten leben in Australien, nur einige wenige in Tasmanien.

Rote Wüsten, trockene Steppen, mageres Weideland, karge Felsenlandschaften – weitläufig und einsam ist das Outback im Landesinneren Australiens. Die größten Flächen Australiens gehören zu diesem Hinterland. Bis auf die regenreichen Gebiete im Norden ist der Lebensraum des Outback sehr trocken. Die einsam lebenden Farmer, die hier meist Schafe züchten, müssen unvorstellbar große Entfernungen zurücklegen, um zum Beispiel den nächsten Supermarkt zu erreichen. Ihr Leben ist hart und voller Entbehrungen. Wie also können hier manche wilde Tiere überleben? Indem sie sich an die Bedingungen anpassen. Kängurus zum Beispiel kommen durch die Art ihrer Ernährung mit Hitze und Trockenheit klar: Sie fressen Gräser oder Blätter und können ihre Nahrung sehr gut verwerten. Aus diesem Grund müssen sie nur wenig Wasser trinken.

Hoppelnde Einwanderer

Auch Kaninchen können sich sehr gut anpassen. Als 1788 erste Einwanderer Kaninchen mit nach Australien brachten, sperrten sie die Tiere in Ställe. 1859 ließ ein Farmer jedoch 24 Kaninchen frei. Keine 40 Jahre später hatten die kleinen Hoppler fast den ganzen Kontinent besiedelt und vernichteten Felder und Ernten. Um eine Ausbreitung in den Süden des Landes zu verhindern, ließ man 1901 einen 1 837 Kilometer langen Zaun bauen. Heute wird die Vermehrung der Kaninchen durch Giftköder geregelt. Trotzdem wird der jährliche Schaden, den die kleinen Nager verursachen, auf viele Millionen Australische Dollar geschätzt.

Der kaninchensichere Zaun wurde zwischen 1901 und 1908 auf einer Gesamtlänge von 3 256 Kilometern erbaut, um die Kaninchenplage einzudämmen.

Dingos sind sehr anpassungsfähig. Sie fühlen sich in Wäldern, im Grasland und auch in Wüsten wohl.

Ein Hund, der singen kann?

Australiens größte fleischfressende Säugetiere sind die Dingos, von Menschen unabhängig lebende Wildhunde. Die meisten von ihnen sind allerdings keine echten Wildtiere mehr, sondern Mischlinge, die aus Kreuzungen mit Hunden entstanden sind. Die schäferhundgroßen Tiere verständigen sich durch sehr viele verschiedene Knurr-, Winsel- und Heullaute, was wie ein Gesang klingen kann. Bellen hört man sie nur selten; echte Dingos äußern sich gar nicht durch bellende Laute. Nachts gehen sie in Rudeln auf die Jagd und sind der Schrecken aller Wombats, Kaninchen, Koalas und Kängurus. Dingos jagen aber auch Nutztiere wie Schafe. So kommt es immer wieder zu angespannten Situationen zwischen Menschen und Wildhunden. Ein langer Dingozaun soll besonders Schafherden vor Angriffen schützen. Verirrt sich ein Dingo doch einmal auf die andere Seite, darf er gejagt werden. Richtige Dingos gelten in Gegenden mit Schafzucht bereits als ausgestorben. Größere Rudel leben noch im Landesinneren. Um die gefährdete Art zu schützen, werden die Tiere in einem abgegrenzten Gebiet gezüchtet und später ausgewildert.

Unglaublich – aber wahr

Ungewöhnlich sehen sie aus und sie kommen ausschließlich in Australien und Neuguinea vor: Eier legende und ihren Nachwuchs säugende Säugetiere. Diese letzten lebenden Urtiere unter den Säugern werden Kloakentiere genannt, denn sie haben als weitere Besonderheit eine einzige Öffnung für den Kot und als Geburtskanal. Es gibt zwei Familien: Schnabeltiere und Ameisenigel.

Der stachlige Ameisenigel legt meist nur ein Ei. Das Jungtier reift in einer Bauchfalte heran und wird an einem Milchfeld am Bauch gesäugt.

Das Schnabeltier legt nicht nur Eier, sondern hat auch einen Giftsporn an den Hinterbeinen. Beides ist bei Säugetieren extrem selten.

Typisch Australien

Die bekanntesten Beuteltiere Australiens sind neben den Koalas die Kängurus, Wombats und Wallabys. Kängurus sind mit den Emus die Wappentiere Australiens. Sie haben einen als fünftes Bein oder für die Balance eingesetzten muskulösen Schwanz, kräftige Hinterbeine und ein wärmendes Fell. Ihre kurzen Vorderbeine werden zum Boxen benutzt. Die Männchen kämpfen so um ihr Revier.

Wombats sehen aus wie kleine Bären und haben das Gebiss eines Nagetiers.

Klettermeister und Bärchen

Baumkängurus und Wombats sind knuffige Gesellen. Baumkängurus leben in den Baumwipfeln. Hier schlafen sie tagsüber. Ihre Hinterbeine haben breite Sohlen; das macht sie trittsicher. Und ihre gebogenen »Bärenkrallen« an den Füßen sind gute Kletterhilfen. Knopfaugen und einfach zum Knuddeln süß – das sind die Wombats. Die kräftigen Beuteltiere verbringen täglich mehrere Stunden damit, Gräser, Moose und Pilze zu fressen. Ihr Stoffwechsel arbeitet sehr langsam. Es vergehen manchmal zwei Wochen, bis eine Mahlzeit verdaut ist.

Schlaue Schleckermäuler

Zur Familie der Kängurus gehören die nachtaktiven Wallabys, die Teile der australischen Küste bewohnen. Tagsüber verstecken sie sich im Schatten. Bei großer Hitze wenden Wallabys einen einfachen Trick an: Sie lecken sich die Unterarme ab. An diesen feuchten Stellen bildet sich Verdunstungskälte, die angenehm kühlend wirkt.

Baumkängurus können aus Höhen von bis zu 18 Metern zur Erde springen.

→ Rekord

1,80 m

groß wird das Rote Riesenkänguru. Es kann über 13 Meter weit springen. Nach nur rund 30 Tagen Tragzeit bringt es ein zwei Zentimeter kleines Junges zur Welt, das sich im Beutel bis zu zwölf Monate lang von Milch ernährt. Es vergehen 22 Wochen, bis das Kleine seine Augen öffnet.

Wallabys werden bis zu einem Meter lang. Ihre Ohren wirken im Vergleich zu ihrem Kopf sehr groß.

Interview mit Pina, dem Kängurubaby

Hallo Pina, sag mal, bist du wirklich ein Känguru? Du wirkst so klein ...

Na und? Ich bin ja auch nicht irgendein Känguru, sondern ein Mala, ein Zottel-Hasenkänguru. Als Baby war ich nur ungefähr einen Zentimeter groß. Aber wenn ich ausgewachsen bin, werde ich ein bis zwei Kilogramm wiegen!

Ah ja, okay. Und warum heißt du eigentlich Zottel-Hasenkänguru?

Ehrlich gesagt gefällt mir Mala, mein anderer Name, besser, denn zottelig bin ich eigentlich gar nicht! Ich bekomme nämlich ein dichtes, weiches Fell, das am Rücken dann schön lang sein wird. Und von einem Hasen habe ich die langen Ohren. Hübsch, nicht? Schau dir meine Mama an.

Ja, sieht toll aus!

Mama reinigt übrigens jeden Tag mein Beutelchen, das ich auch als Klo benutze ... Ich kann ja noch nicht raus. Damit ich mich nicht aufscheuere, hat sie den Beutel innen eingecremt.

Wie praktisch! Aber wie hältst du das Gehüpfe im Beutel aus?

Ich finde das witzig. Und sie sitzt ja auch immer wieder still, wenn mein großer Bruder Hunger bekommt und an der anderen Zitze trinken möchte. Er trinkt aber eine andere Milch als ich. Mama hat für jeden das Passende dabei. Super Milchbar!

Name: Pina

Alter: drei Monate

Hobbys: in Mamas Beutel abhängen und Milch trinken

Allerdings! Sag mal, Pina, auf was hast du dann später Appetit, wenn du nicht mehr im Kinderwagen – äh, in deinem Beutel sitzt?

Kinderwagen, was ist das denn? Nun ja, also mein großer Bruder futtert ganz viel Gras. Er hat mir erzählt, dass auch Früchte, Kräuter und Samen lecker schmecken. Ich bin gespannt, ob das wirklich stimmt. Und ...

Ja, was denn?

Er hat mir noch etwas wirklich Unglaubliches erzählt: Manche Ureinwohner sammeln unser großes Geschäft ein und stellen daraus Papier her! Ein Prinz bekam sogar schon ein Gemälde auf diesem Papier geschenkt. Ist das nicht verrückt?

Oh ja, das ist allerdings, äähhm – ungewöhnlich ... Danke, Pina, für dieses sehr interessante Gespräch!

Unterwegs in den Polargebieten

Eisbären leben in der Arktis und gehören zu den größten an Land lebenden Räubern.

Eisiger Wind fegt über im Meer treibende Eisschollen und gefrorenen Boden. Hier kann man nur leben, wenn man ein dickes Fettpolster, eine isolierende Ölschicht auf dem Gefieder oder ein kuscheliges Fell besitzt! In den Polarregionen leben viele große Tiere, ihr überlebenswichtiger Vorteil: Sie haben ein großes Körpervolumen und eine kleine Körperoberfläche und verlieren darum wenig Wärme.

Zum nördlichsten Gebiet ...

... zur Arktis, dem Lebensraum rund um den Nordpol. Zu den Landgebieten gehören die Insel Grönland und die nördlichen Bereiche von Amerika, Europa und Asien. Die Arktis ist damit, anders als die Antarktis, mit Festland verbunden. Auf dem Landweg konnten so einige Säugetiere in die rauen Gegenden gelangen. Für die Inuit, die Bewohner Grönlands, sind Wale, Seehunde und Robben Grundnahrungsmittel. Der hohe Fettgehalt des Fleischs ist für sie lebenswichtig.

Ein kuscheliges Fellkleid

Polarfüchse können sich im Schnee gut verstecken und dort auf Beute lauern. Die hundeartigen Raubtiere sind mit ihrem Fell zu jeder Jahreszeit gut getarnt: im Winter weiß und im Sommer beigebraun. Kälte macht dem Polarfuchs nichts aus. Er hat das wärmste Fell aller Säugetiere! Zusätzlich geben rundhe-

Angeberwissen

- Die Tatzen der Eisbären sind sehr breit. Dadurch kann sich ihr großes Gewicht auch auf dünnerem Eis gut verteilen und sie brechen nicht so schnell ein.
- Pinguine und Eisbären können sich – wenn überhaupt – nur im Zoo begegnen, nie in der Wildnis. Denn der eine lebt nur am Südpol, der andere nur am Nordpol. Kaiserpinguine zum Beispiel lieben die eisige Kälte des Südpols, Eisbären könnten hier gar nicht überleben!

Robbenjäger haben auch vor den süßen Jungtieren keinen Halt gemacht. Heute gelten strenge Gesetze für die Robbenjagd.

rum behaarte Pfoten Wärme. Wird es ihm trotzdem mal zu frisch, kann er sich seinen buschigen Schwanz wie einen Schal vor sein Gesicht legen.

Von Blubber und Bären

Viele arktische Säuger wohnen im Wasser. Hier gibt es genügend Nahrung. Eine dicke Speckschicht, der Blubber, schützt sie vor Unterkühlung. Walrosse, Robben und Wale zählen dazu, aber auch der Eisbär, der vorwiegend im Wasser jagt und ein exzellenter Schwimmer ist. Das erkennt man auch an den Schwimmhäuten zwischen den Zehen. Seine Haut ist schwarz, um die Wärme besser zu speichern. Darunter liegt eine dicke Speckschicht und darüber ein dichtes Fellkleid, dessen Haare hohl sind. Auch das hilft beim Wärmeregulieren.

Zum südlichsten Gebiet …

… der Antarktis. Hier ist es noch kälter als in der Arktis, über -90 Grad Celsius wurden schon gemessen! Daher verwundert es nicht, dass hier nur einige tapfere Wissenschaftler leben, die in Forschungsstationen arbeiten. Von der Kälte unbeeindruckt zeigen sich nur Tiere wie Robben, Wale und Pinguine.

Mit Flügeln schwimmende Vögel

Pinguine wirken an Land etwas plump, im Wasser aber bewegen sie sich mit ihren Flügeln pfeilschnell und elegant. Vor der Kälte schützt sie ihr dichtes, geöltes Federkleid. Zwischen den inneren Daunen und der Haut ist Luft, die wärmend wirkt.

Schwimmende Riesen

Wale sind in allen Meeren zu Hause. Im Sommer aber treffen einige Walarten in der Antarktis ein, unter anderen auch die Blauwale. Sie verschlingen täglich zwei bis drei Tonnen Krill, das sind kleine Garnelen. Gut gesättigt wandern sie dann im Winter in Richtung Äquator, um sich dort in wärmeren Gewässern zu paaren.

60 Tage lang wärmt das Pinguinmännchen das Ei; dabei harrt es ohne Nahrung aus.

Winterfell

Sommerfell

Mit dem Fellwechsel reagieren manche Säugetiere – hier der Polarfuchs – auf die unterschiedlichen Temperaturen der Jahreszeiten. Farbe, Dichte und Länge des Haarkleides ändern sich.

200 Tonnen wiegt ein Blauwal. Er ist damit das schwerste Säugetier. Blauwale gehören zur Familie der Furchenwale – warum, siehst du auf dem Bild.

Eintauchen in die Welt der Meere

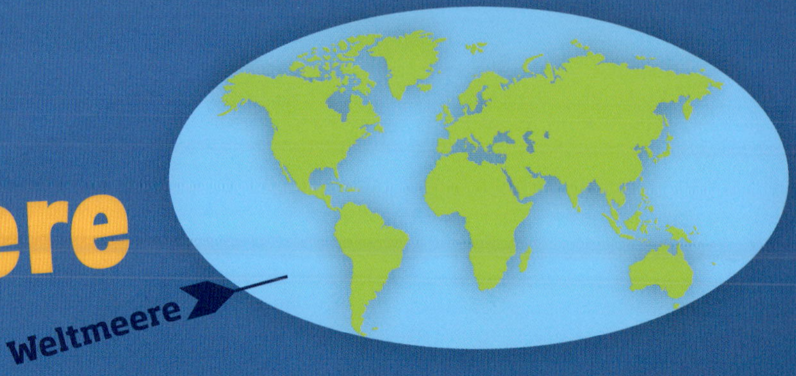

Unvorstellbar, aber wahr: Nur ein Drittel der Erde besteht aus Landmassen, der große Rest ist mit Wasser bedeckt. Unter der Meeresoberfläche verstecken sich geheimnisvolle Landschaften und hohe Gebirgszüge. In diesem Lebensraum tummeln sich zahllose Tiere, die sich perfekt an ihn angepasst haben.

Der berühmteste Pottwal der Welt ist Moby Dick. Der Autor Herman Melville (1819–1891) schildert in seinem Buch die Jagd auf einen Wal. Am Ende wird das Schiff von Moby Dick gerammt und geht unter.

Wie Fische im Wasser ...

... so bewegen sich Wale oder Robben fort; sie sind aber trotzdem Säugetiere. Mit ihrem stromlinienförmigen Körper, einem leichten Knochenbau, Flossen, einer gleichbleibenden Körpertemperatur, kräftigen Lungen und einer dicken Speckschwarte sind die Meeressäuger wunderbar an den Lebensraum Meer angepasst.

Ob mit Zahn oder Barte – immer mit Schwarte!

Wale werden anhand ihrer Mundwerkzeuge in zwei Gruppen gegliedert: in Barten- und Zahnwale. Blauwale und Finnwale sind die größten Wale und genauso wie Grönland-, Buckel- und Zwergwale ernähren sie sich nur von Plankton, das sie durch ihre Barten – etwa einen Meter lange Platten am Oberkiefer – spulen. Der Pottwal zählt zu den Zahnwalen. Er kann ganze Riesentintenfische verdrücken. Mit 50 Tonnen Gewicht ist er das größte bezahnte Säugetier der Welt. Zu den Zahnwalen zählen auch die intelligenten Delfine mit ihren rund 40 Unterarten. Sie begleiten in großen Gruppen, den sogenannten Schulen, Schiffe, springen über Wellen und können auf ihren Schwanzflossen über das Wasser balancieren. Die geselligen Tiere wirken mit ihren fröhlich nach oben gezogenen Mundwinkeln und dem lustigen Schnattern immer gut gelaunt. Der größte Delfin ist der Große Schwertwal, auch Orca genannt. Mit seiner schwarzweißen Zeichnung unterscheidet er sich deutlich von den meist grauen Delfinen. Seine bisweilen recht rüden Jagdmethoden haben ihm auch den Namen Killerwal eingebracht.

Pottwale tauchen in Tiefen von mehr als 1 000 Metern.

Delfine haben ein größeres Gehirn als andere Säuger. Da sie so lernfähig sind und gerne spielen, werden sie in der Medizin als Therapietiere eingesetzt.

Der Seefahrer Christoph Kolumbus (1451–1506) hielt Seekühe für Meerjungfrauen. Dazu führten ihr menschlich wirkendes Gesicht und ihr spatelförmiger Schwanz.

Orcas greifen aber nicht wahllos Robben, kleine Wale oder Pinguine an, sondern töten nur, wenn sie Nahrung benötigen. Menschen müssen sich nicht vor ihnen fürchten.

Gemütliche Dickhäuter der Meere

Neben Walen und Robben sind die pflanzenfressenden Seekühe die drittgrößten Meeressäuger. Sie leben dauerhaft im Wasser und drehen dort langsam ihre Runden. Zu ihnen zählen die drollig aussehenden Dugongs, die an den seichten Küsten Asiens und Australiens leben und dort im Seegras weiden. Das können sie mit ihrer nach unten gerichteten Schnauze besonders gut. Die scheuen Tiere bleiben in großen, sehr sozialen Gruppen immer an einem Ort.

Hilflose Riesen an Land

Warum ganze Gruppen von Walen immer wieder stranden, ist bis heute nicht ausreichend erforscht. Vermutlich ist der immer stärker werdende Lärm unter Wasser, der durch den Schiffsverkehr oder auch die Suche nach Bodenschätzen entsteht, dafür verantwortlich. Wale »sehen« ja mit den Ohren. Werden nun ihre akustischen Signale gestört, können sie sich nicht mehr orientieren und auch nicht mehr miteinander kommunizieren.

Angeberwissen

Narwale sind in der Arktis zu Hause. Die Männchen besitzen einen oft bis zu drei Meter langen Stoßzahn, der ihnen schraubenförmig durch die Oberlippe wächst. Diesen brauchen sie als »Messgerät« zum Fühlen der Wassertemperatur, des Drucks und Salzgehalts.

Auch an Brasiliens Küsten stranden immer wieder Wale. Manchmal gelingt es den Helfern, sie zu retten.

Glossar

Art: Gruppe von Lebewesen mit gleichen Merkmalen und der Fähigkeit, untereinander fruchtbare Nachkommen zu zeugen.

Auswilderung: In Gefangenschaft lebende oder aufgezogene Tiere in die Natur entlassen.

Beuteltier: Säugetier, das winzige, nicht vollständig entwickelte Junge zur Welt bringt. Diese wachsen nach der Geburt im Beutel der Mutter heran. Dort saugen sie sich an der Milchzitze fest.

Endemische Art: Art, die nur in einem bestimmten Gebiet lebt, wie das Känguru in Australien.

Haustier: Vom Menschen gezüchtetes Tier. Eines der ältesten europäischen Haustiere ist der Hund, gefolgt von Schwein, Rind, Schaf, Ziege, Esel und Katze.

Huftier: Säugetier, das seine Zehennägel zu einem Huf oder mehreren Klauen entwickelt hat. Es gibt Paarhufer und Unpaarhufer.

Kloakentier: Urtümliches Säugetier, das Eier legt, diese ausbrütet und die geschlüpften Jungtiere säugt.

Menschenaffe: Großer Affe mit langen Armen und dichter Behaarung, der auf dem Boden auch halb aufrecht geht. Aufgrund seiner Entwicklungsgeschichte steht er dem Menschen am nächsten.

Nagetier: Säugetierordnung mit kräftigen Nagezähnen. Sie werden zum Fressen, Schälen von Rinde, Fällen von Bäumen, zum Wühlen und Verteidigen eingesetzt. Nagezähne wachsen ständig nach.

Paarhufer: Ordnung der Säugetiere mit gerader Anzahl an Zehen, beispielsweise Schwein, Hirsch oder Kamel.

Raubtier: Tier mit meist großen Zähnen und scharfen Krallen, wie zum Beispiel Hund, Katze, Bär, Hyäne. Ein Raubtier ist ein Fleischfresser. Es jagt und erlegt Beutetiere.

Regenwald: Immergrüner Wald, der sich in den feuchten Gebieten der Tropen befindet und vielen Arten einen Lebensraum bietet. Durch Abholzung ist er stark bedroht.

Revier: Gebiet bestimmter Säugetiere wie zum Beispiel der Katzen.

Rote Liste gefährdeter Arten: Auflistung aller bedrohten Tier- und Pflanzenarten.

Säugetier: Wirbeltier, das – mit Ausnahme des Kloakentiers – lebende Junge zur Welt bringt und sie säugt. Säugetiere sind gleichwarm, das heißt, sie halten ihre Körpertemperatur immer gleich, egal ob sie in kalten oder warmen Gegenden leben.

Subtropen: Klimazone der Erde zwischen der gemäßigten und der tropischen Zone. Es herrscht trockenes Klima (Wüsten oder Steppen).

Taiga: Landschaftsart auf der Nordhalbkugel mit Nadelwald und sumpfigem Land mit vielen Tierarten.

Tarnung: Methode, um von Feinden nicht als Beute wahrgenommen zu werden oder selbst als Jäger unentdeckt zu bleiben. Manche Tiere tarnen sich, indem sie andere gefährliche Tiere nachahmen, um dadurch selbst gefährlich zu wirken. Andere gleichen sich an ihre Umgebung an und werden so fast unsichtbar.

Tropen: Klimazone der Erde, die auf beiden Seiten des Äquators liegt. Die Tropen zeichnen sich durch gleichmäßig hohe Temperaturen und eine hohe Luftfeuchtigkeit aus.

Tundra: Offene, baumlose Landschaftsart auf der Nordhalbkugel. Hier leben nur wenige Tierarten.

Unpaarhufer: Ordnung der Säugetiere mit ungerader Anzahl an Zehen. Dazu gehören zum Beispiel Pferde, Tapire und Nashörner.

Wildtier: Vom Menschen völlig unabhängig lebendes, nicht zahmes Tier, das in der Wildnis lebt.

Winterschlaf: Ruhezustand, in dem manches Säugetier den Winter überdauert.

Wirbeltier: Tier, das eine Wirbelsäule besitzt.

Wüste: Gebiet der Erde mit geringem oder völlig fehlendem Pflanzenwuchs. Die hier lebenden Tiere haben sich perfekt an die herrschenden Bedingungen angepasst.

WAS IST WAS

Bildquellennachweis: Aktionsgemeinschaft Artenschutz (AGA) e.V.: 5mr (Birgit Braun), 5or (Birgit Braun); Archiv Tessloff: 2mm, 10or, 15om, 16u, 16or, 20or, 21ml, 26ol, 29ol, 31mr, 32or, 38or, 43ur, 44or, 46or; Bridgeman Images: 46ml (Private Collection/Look and Learn); Corbis Images: 7ur (David Watts/Visuals Unlimited), 8or (Vova Pomortzeff/Demotix), 8Hg. (Daniel Eskridge/Stocktrek Images), 9or (Corey Ford/Stocktrek Images), 10ul (Nick Garbutt), 12um (Emilie Chaix), 12Hg. (Winfried Wisniewski), 33ur (Kevin Schafer/Minden Pictures), 41um (Roland Seitre/Minden Pictures), 41ul (David Watts/Visuals Unlimited), 47ur (BRUNO DOMINGOS/Reuters); Getty: 1Hg. (David Fettes), 2ur (Photography by Daniel Frauchiger, Switzerland), 2mr (Gerry Ellis/Globio), 5ur (Gerry Ellis/Globio), 7ol (Mint Images/Frans Lanting), 10mr (Digital Vision), 11ul (Keren Su), 11ur (Martin Harvey), 11ml (Picture by Tambako the Jaguar), 12ul (Visuals Unlimited Inc./Mary Ann McDonald), 13ol (Luke Horsten), 13or (J Dennis Nigel), 14or (Danita Delimont), 14um (John Brown), 15mr (Mint Images - Frans Lanting), 19or (Damian Kuzdak), 24ul (Keren Su), 24or (Juan Carlos Munoz), 25ol (Photography by Daniel Frauchiger, Switzerland), 25um (Dirk Freder), 26ml (Frank Lukasseck), 26ur (David M Schleser), 27ol (Comstock Images), 28ml (Design Pics/Deb Garside), 29or (Print Collector/Kontributor), 29mr (Produced by Oliver C Wright), 30-31Hg. (Chlaus Lotscher), 40um (Mitsuaki Iwago), 41mr (Tier Und Naturfotografie J und C Sohns), 44Hg. (by wildestanimal), 46Hg. (James R.D. Scott), 47ol (F Stuart Westmorland); Juniors Bildarchiv: 15ul (M.Harvey), 19Hg., 19ul (R.Hoelzl), 19ur (R.Hoelzl), 27ml (WILDLIFE/S.Muller), 31or (Aflo); mauritius images: 5ol (Alamy), 9ml (Alamy), 17mr (Jiri Hubatka); MIA Milan Illustrations Agency Sarl: 9mr; Nature Picture Library: 9ol (Martin Camm/WAC), 15um (Lynn M. Stone), 25or (Visuals Unlimited), 35ur (Andy Rouse), 37ol (Pete Oxford), 37mr (Roland Seitre), 45ur (DOC WHITE), 45mr (Fred Olivier); OKAPIA: 42or (J-L Klein & M-L Hubert); picture alliance: 2ml (blickwinkel/R. Kaufung), 3mr (WILDLIFE/M. Harvey Ressort), 9um (dieKLEINERT/Wolfgang Privit), 17ol (blickwinkel/R. Linke), 17or (WILDLIFE/K.Bogon), 18ol (blickwinkel/R. Linke), 18or (blickwinkel/R. Kaufung), 20Hg. (dpa-Zentralbild/Patrick Pleul), 21ol (WILDLIFE/I.Shpilenok), 27or (Bruce Coleman/Photoshot/Kim Taylor), 27Hg. (Robert Harding World Imagery/James Hager), 28Hg. (WILDLIFE/D.J.Cox), 31mr (blickwinkel/S. Gerth), 32ur (Nick Gordon/ardea.com), 33um (WWI/Tony Martin), 33or (Arco Images GmbH/P. Wegner), 34ml (WILDLIFE/A.Mertiny), 34or (Arco Images/C. Huetter), 34mr (Westend61/Fotofeeling), 34um (WILDLIFE/S. Muller), 35om (Thomas Marent/ardea), 35or (Francois Gohier/ardea), 35ml (gerard lacz images), 35ul (Mint Images/Frans Lanting), 36or (gerard lacz images), 37um (Francois Gohier/ardea), 37or (dpa/Hannes Vollmuth), 39om (Mary Evans Picture Library/Ardea/D. Parer & E. Parer-Cook), 39or (dpa/Ralf Hirschberger), 41or (WILDLIFE/M. Harvey), 42ul (Mint Images/Frans Lanting), 42ur (WILDLIFE/M. Harvey Ressort), 47mr (Design Pics/Pacific Stock/Dave Fleetham); Shutterstock: 3ul (Achimdiver), 3or (Jeannette Katzir Photog), 3ol (Pal Teravagimov), 6l (Mike Price), 6om (gopause), 6mr (Muythaisong Pitakpong), 6ur (Marsan), 9Hg. (Roberaten), 10-11Hg. (Oleg Znamenskiy), 11or (mythja), 13u (AnetaPics), 14ml (zahorec), 14-15Hg. (Roberaten), 16o (Menno Schaefer), 16mr (Eduard Kyslynskyy), 17ul (BMJ), 18ur (Andrey Kuzmin), 18mr (Erik Mandre), 19ol (Tom Reichner), 21mr (Nickolay Vinokurov), 21ur (aleksandr hunta), 22ul (Aleksandar Todorovic), 24mm (Sergey Uryadnikov), 24-25Hg. (Roberaten), 25mm (David Evison), 25ul (Alexandra Giese), 30ol (Jeannette Katzir Photog), 30ul (AppStock), 32ul (JIANG HONGYAN), 32-33Hg. (rodho), 32mr (miha de), 32-33Hg. (Roberaten), 33ol (Vadim Petrakov), 34-35Hg. (Roberaten), 35mr (Pal Teravagimov), 38Hg. (Janelle Lugge), 40-41Hg. (Michael Leslie), 40ml (Janelle Lugge), 42ml (Marco Tomasini), 43Hg. (Roberaten), 43ol (BMJ), 45ml (outdoorsman), 45or (Nicram Sabod), 45ul (ecoventurestravel), 47or (Achimdiver), 48or (Eric Isselee); Sol90images: 22-23Hg.; Thinkstock: 4o (mvanhoutte), 29ur (TamiHolz), 36-37Hg. (Kseniya Ragozina), 39ur (BerndC); Wikipedia: 29um (Wart Dark/Solipsist); Zieger, Reiner: 17ur, 22or, 23mr

Umschlagfotos: U1Hg: Juniors Bildarchiv, (J.-L. Klein & M.-L. Hubert); U4Hg: Shutterstock, (pierre_j), U4Hg. (Triff)

Burgschmietstraße 2–4, 90419 Nürnberg
qualitaet@tessloff.com
www.tessloff.com

Autorin: Christine Paxmann
Grafik: Tessloff Verlag
Lektorat: Tessloff Verlag
Bildredaktion: Daniela Laußer
Druck: Livonia Print

ISBN 978-3-7886-2050-9

MIX
Papier | Fördert gute Waldnutzung
FSC® C002795

WISSEN KANN MAN NIE GENUG!